部下を育てるリーダーが必ず身につけている

部下を叱る技術

船井総合研究所
片山和也

同文舘出版

はじめに——叱られずして人は成長しない

人は、叱られずして成長することはありません。社会人として経験を積み、ビジネスで実績を出している人であれば、誰もが知っている真実です。

しかし近年、部下を叱れない上司が増えたと言われます。昔はどこの職場にもいた、いわゆる〝怖い上司〟は、今や〝絶滅危惧種〟と言われているほどです。

逆に昨今、部下を指導する上でよく言われるのが「ほめて育てる」という言葉です。「叱る」という言葉にはマイナスイメージが付きまといます。誰もが、「叱って育てられる」よりも「ほめて育てられる」ことを選択するでしょう。しかし、自分自身の経験を振り返ってみても、「叱られた」ことが自分自身を成長させるきっかけとなったことは、誰しも否定できない事実であると私は思うのです。

では、なぜ〝部下を叱れない上司〟が増えたのでしょうか。自分自身が、かつての上司から指導されたことを、なぜ自分の部下には指導できないのでしょうか。

それは、「叱る」という行為がさまざまな意味でリスクを伴うからです。

たとえば、厳しく叱ったことが原因で部下がやる気をなくし、最悪の場合は会社を辞めてしまうかもしれません。その後のコミュニケーションも、気まずいものになってしまうでしょう。

さらには、「パワハラ（パワーハラスメント）」として訴えられるリスクもあります。ひと昔前であれば「パワハラ」といった概念すらありませんでした。時代の変化が、「叱る」ということを遠ざけている事実はあるでしょう。

しかし、「叱る」という行為は「ほめる」ことの裏表の存在として、あらゆる教育・指導のプロセスの中で避けては通れないことなのです。

まず、ここで強調しておかなければならないことは、「叱る」ことと「怒る」ことは明確に違うということでしょう。「叱る」とは相手の成長を願い、あるいは相手を守ってあげるために親身な立場で注意を促す行為です。

それに対して、「怒る」とは感情を丸出しにし、自分自身の〝怒り〟を相手にぶつける行為です。上司は部下に対して「怒る」のではありません。あくまでも相手の立場を思い、成長を願い、あるいは部下の身を守るために「叱る」のです。とくに、学校を卒業して入社してきた新人は、何も知らない状態です。

それでも、許されないミスをしてしまえば、「知らなかった」ではすまされません。あるいは、初期段階でビジネスの基本スタンスを身につけさせなければ、その後十分な成果を上げることはできません。本人の身を守るためにも、必要なときには「叱る」ことを避けていてはならないのです。

経験することでゆっくり身につければよいことと、経験する前に身につけなければならないことが世の中にはあります。「重大なこと」への意識のギャップがある場合、それを埋められるのは〝叱る〟というプロセスです。優しく言って聞かせるのも、ひとつの方法かもしれませんが、上司としては本人の身を守るためにも〝叱る〟という行為を選択すべきでしょう。

また、チームとしてビジネスで成果を上げるためにも、「叱る」という行為は重要なポイントになります。たとえば、多拠点展開をしているある会社のコンサルティングを行なったときの話です。成果を上げている営業所と、そうでない営業所の間には明確な違いがありました。前者の場合は、所長のリーダーシップがとれており、明るい中にもピンとした空気が張り詰めています。

逆に成果が出ていない営業所というのは、所長の統率がとれておらず〝仲よしクラブ〟的になっているか、あるいは四六時中部下を怒ってばかりで、一体化できていない営業所です。

前者の場合は、うまく「叱る」ことで成果を上げているケースで、後者はそうでないケースです。つまり、**「叱る」にしても、ビジネスで成果を上げるための正しい技術が必要**と言えます。

事実、私はコンサルタントとして数多くの経営者や管理職を見てきましたが、ビジネスで成果を上げているリーダーというのは例外なく、うまい「叱り方」の技術を身につけている人ばかりです。

そこで本書では、管理職あるいは上司として身につけておくべき「叱り方」の技術について、豊富な実例を交えて解説していきたいと思います。また、私自身が船井総合研究所の中で、ほぼ毎日現場でコンサルティングを行ないながら、グループ・マネージャーとして部下をまとめる立場のプレイング・マネージャーです。私自身の経験を踏まえ、できるだけわかりやすく、具体的に述べていきたいと思います。

本書がみなさまのビジネスにとって成果をもたらすことを、またみなさまの部下・社員育成のための一助となることを心から願っています。

株式会社船井総合研究所　片山　和也

部下を育てるリーダーが必ず身につけている 部下を叱る技術■目次

4 叱るのにビクビクするのはもうやめよう！ 辞められない〝叱り方〟のポイント

5 無気力、うつ、ゆとり世代、年上……こんな〝難しい相手〟にはこう叱ろう

6 リーダーは「部下のモチベーションを上げる」叱り方を身につけよう

7 〝叱る〟前に押さえよう！ 上司としての心構えとは

装丁　鈴木大輔
本文デザイン・DTP　ジャパンスタイルデザイン（山本加奈・榎本明日香）

1章

なぜ、リーダーには“叱る技術”が必要なのか

1 〝ほめて育てる〟は本当に有効か？

「ほめて育てる」という言葉が部下教育、あるいは新人教育を語る上で主流となったのは、いつ頃からのことでしょうか。「ほめて育てる」という手法が、さかんにメディアで取り上げられるようになった時期は、ちょうど〝コーチング〟が、ビジネスの世界に本格的に取り入れられはじめた時期と重なります。

スポーツの世界における指導手法だった〝コーチング〟が、日本においてビジネスに本格的に取り入れられるようになったのは、1990年代半ばから後半のことです。1992年にバブルがはじけ、その後日本経済は停滞期に入ります。こうした難しい時代になったことも、新しい指導手法であるコーチングがもてはやされた時代背景かもしれません。

コーチングとは、ティーチングの対になる概念です。つまり、ティーチングが最初から答えを相手に投げかけるのに対し、コーチングは最初から答えを与えず、効果的な質問を投げることによって、相手に考えさせて気づかせるというコミュニケーション手法です。

たとえば、部下が客先での待ち合わせで遅刻をしてきたとします。「遅刻したらダメじゃないか！」と言うのがティーチングです。これに対して、「何で遅れてしまったの？」「お客さんはどう思うかな？」「どうすれば再発を防げる？」と、質問を投げかけて考えさせるコミュニケーション手法がコーチングなのです。

コーチングは、この〝考える〟というプロセスを踏ませることによって、指示に対して納得して主体的に取り組ませることを目的としており、言い換えるとモチベーションを上げることを目的としています。コーチングはまさに、この〝モチベーション〟をいかに上げさせるか、というコミュニケーション手法であり、指導方法なのです。

高いモチベーションで仕事に取り組めば、当然のことながら高いパフォーマンスを上げることができます。

そして、相手のモチベーションを最も高くする手法が、この〝ほめる〟ということなのです。〝ほめる〟という行為が、相手のモチベーションを高めるが故に、コーチングの世界では〝ほめる〟という行為を重視します。

さらに、〝ほめて育てる〟という言葉に、誰もが反論できない理由があると私は考えています。それはズバリ、日本人の多くが〝ほめる〟という行為が苦手であるという事実です。

欧米人、とくに米国人は、他人をほめるのが非常に上手です。私が、学生時代にアメリカでホームステイをしていた際、ホームステイ先の米国人家族とボーリングに行きました。どう見ても、下手くそにしか見えない私のプレイに対して、「グッジョブ!!」「ナイス!!」を笑顔で連発してくれました。アメリカといえば、訴訟社会というイメージがありますが、個人的な付き合いにおいて彼らは他人をほめるのが非常に上手です。

それに対して日本人は、他人をほめるということを積極的に行なわない民族です。たとえば日本人は、自分の妻のことを〝愚妻〟、あるいは自分の子供のことを〝愚息〟と言いますが、これなどアメリカでは絶対に考えられないことです。これは、お互いの文化的指向の違いですから、どちらがよい・悪いという問題ではありません。

いずれにせよ、ほめることを積極的に行なわないということは、ほめることが苦手ということです。こうした苦手意識が強いところに〝ほめて育てる〟ことの重要性を説かれると、苦手であるがために、何とかこなそうと努力してしまうのかもしれません。

2 コーチングは、ほめるばかりとは限らない

しかし、コーチングで重視されているのは、必ずしも〝ほめる〟ということばかりではありません。正確に言えば、コーチングで重視されているのは、**相手を〝承認する〟という行為**です。心理学の世界では、人間の欲求段階には5つの段階があるとされています。最上位の段階が「自己実現」であり、次が「自我欲求」「承認欲求」「安全欲求」「生存欲求」と続きます。人間は、低次の欲求段階が満たされなければ、上位の欲求段階に移行することはありません。

たとえば、クマに襲われて追いかけられている人は、最低次限の欲求段階である「生存欲求」が満たされていません。こうした状態の人が、「自己実現」を図りたいと同時に考えることはありえない話です。

この欲求段階の話ですが、いわゆる世間一般に〝やる気がある〟とされる人というのは、「自我欲求」の段階にまで至っている人を指します。「自我欲求」とは、自分らしさを出したい、主体的に物事を考えて取り組みたい、と考える欲求段階のことです。

つまり、その人に〝やる気〟を持たせるためには、「自我欲求」の前の欲求段階である「承認欲求」を満たさなければならない、ということなのです。そして、「承認欲求」を満たす最も効果的な方法が〝ほめる〟という行為なのです。

ですから、「承認欲求」を満たすことができるなら、〝ほめる〟以外のやり方でもかまわないわけです。最も簡単に相手を承認する方法は〝挨拶〟です。たしかに、人から挨拶をされて悪い気になる人はいません。そういう意味では**〝叱る〟という行為も、その人のことを思い、その人のために行なうのであれば、立派に「承認欲求」を満たす行為**となるのです。

逆に、「承認欲求」に対して、最もマイナスの効果を与えるのが〝無視〟〝無関心〟です。言い換えると、本人が行なったことに対して何らかの形で評価を行なうことが、リーダーには必ず求められるのです。本人の行なった結果がよければほめるでしょうし、悪ければ注意して指導を行なわなければなりません。その中で当然、〝叱る〟というプロセスも考えられます。

つまり、〝ほめて育てる〟というのは、コーチングを行なう上での一手法が、クローズアップされた結果であると考えるべきではないでしょうか。正しくは〝ほめて育てる〟のではなく、「相手を正しく承認する」ことが、教育を行なう上での前提条件なのです。そして、〝ほめる〟ばかりでは、決して正しく人を育てることはできません。

教育の本質を突いた事例として、ヘレン・ケラーとサリバン先生のケースを挙げることができます。ヘレン・ケラーはみなさんもごぞんじの通り、生後まもなく原因不明の高熱により、目が見えず耳も聞こえずしゃべれないという三重苦を背負うことになった女性です。このことを気の毒に思った両親は、彼女を甘やかして育てた結果、彼女は怒りっぽく乱暴で、両親も手を焼くような女の子になってしまいました。

そんな中、ヘレン・ケラーが7歳のときに家庭教師として招き入れられたのが、サリバン先生でした。サリバン先生は、彼女が障害を持っていることで特別扱いをすることなく、彼女に対して厳しく接しました。機嫌が悪くなると、暴れて乱暴になるヘレン・ケラーに対して、サリバン先生も取っ組み合いのケンカをして彼女に噛みつき、まずは序列として自分が上であることを、体で彼女に教え込むことから教育をスタートさせたのです。

その後、コップに入っている「水」を認識できたことで、飛躍的にヘレン・ケラーの知力は高まり、11歳になると彼女は言葉を話すことができるようになりました。そしてその後、ハーバード大学を卒業して世界的に有名な存在になっていくのです。もし、サリバン先生がヘレン・ケラーの両親同様、障害を持つことを気の毒に思って甘く接していたら、ヘレン・ケラーの成長とその後の活躍はなかったことでしょう。

逆に、一人の人間としてきちんと〝承認〟し、必要なときには「叱る」ことで、悪いことは悪いと彼女に認識させ、教えを受け入れる「素直」に至らせることができた結果、サリバン先生は彼女を教育することができたのです。

つまり、**〝ほめる〟のと同様に〝叱る〟ということが教育における必須のスキルであり、同時にリーダーに対しても求められるスキル**であることがわかります。

3 なぜ、〝叱れない〟上司が増えているのか

ところが最近では、〝叱れない〟管理職やリーダーが増えています。これは、私がコンサルティングで関わる企業を見ていても感じることです。

たとえば、ある販売会社で研修を行なっていたときのことです。研修中に、新人が平気で携帯電話を取り、当たり前のようにしゃべりながら堂々と退席していきました。それを見ている先輩や直属の上司は何も言いません。

電話を終えて戻ってきた彼に、私は「あなたの先月の粗利実績はいくらですか？」と質問しました。すると彼は、「わかりません」と言うのです。本当にわからないのか、わかっていても言いたくないのか、彼の場合はどうも前者のようでした。

そこで私は、「だいたいでいいから教えてください。だいたいいくらですか？　１００万円は越えていましたか？」と聞くと、「いえ、１００万円はありません。60万円か70万円かな……」と答えたところで、私は「バカ野郎！　そんな稼ぎしかできていない奴が、偉そうに電話なんか取るなよ!!　だいたい、自分の数字も覚えていないお前はバカか!!」と叱りつけました。

この会社は販売会社ですが、販売会社の場合は営業マン一人当たり、月間で少なくとも

120万円の粗利がなければ、その人は赤字です。メーカーの場合は、営業マンの割合が少ないですから、さらに粗利が必要になります。

私は実力主義の人間です。多少態度が悪くても、仕事で結果を出していれば、人前で叱り飛ばすようなことはしません。しかし、結果も出していない上に態度も悪いというのでは、まさに最悪としか言いようがありません。この、私から叱り飛ばされた営業マンは入社2年目で、営業に出てまだ1年もたっていない新人でした。

さらに私は続けました。「人が話をしている目の前で、当たり前のように電話を取るのは非常識で、さらに堂々と部屋を出て行くのも非常識だ！　そして、それを見て何も言わないまわりの先輩や上司も非常識です！　だから業績が悪いんだ、文句あるか!!」――私の叱責に対して会場内は静まりかえり、誰も反論ができません。なぜか？　それは私の言っていることが、すべて正論だからです。

研修中に携帯電話が鳴り、見ると重要な客先からで、思わず電話を取ってしまった、というのは心情的にわからないことではありません。その場合、「すみません。ちょっとだけ抜けます」とひと言断ってから会場を抜けるか、あるいは明らかに申し訳なさそうに会釈でもして会場を抜けるのなら、私も叱りなどしません。

まずいのは、当たり前のように電話を取り、当たり前のように会場を出るところにあるのです。そもそも、その程度の行動しかとれない人間は、仕事で成果を上げることなどできません。

だから、稼ぎも半人前なのです。

何よりも問題なのは、そうした彼の行動を誰も注意しないということです。私が上司であれば、電話を取って退席しようとした瞬間に、「ちょっと待て、電話をその場で切れ！」と、相手が客先であっても、いったんその場で電話を切らせます。そして、誰からの電話だったのかを確認してその場でその行為を叱り、さらに講師に謝罪することでしょう。

「お客様からの電話なのに、切らせていいのですか？」という質問がくるかもしれません。お客からの電話だろうが何だろうが、電話を取ってまずい場所で電話を取らせるべきではありません。「今研修中ですから、後ほどすぐに折り返します」と、ひと言言えばおしまいです。それでその客先が怒るのであれば、私が代わりに対応してそのクレームを鎮める自信もあります。

繰り返しますが、何が一番まずいのかと言うと、電話を取って当たり前のように退席した新人ではなく、それを見ながら何も言わない上司であり先輩たちなのです。

なぜ、彼らはこの新人を叱らないのか。こうした行為が１００％まずい、という確信がないのか、あるいは直属の上司でもないのに叱る権限がないと考えたのかもしれません。前者であれば、「リーダーとしての哲学が確立されていない」という点でまずいし、後者であれば「リーダーとしてのリスクが取れない」という点でまずいと言えます。

そして、叱るべきときに正しく叱る、というプロセスを踏まなければ、当人は絶対に成長することはできません。**管理職として叱るべきタイミングがわかり、そして本人も反論のしようがない正論でもって叱るというスキルは、必須のもの**なのです。

ところが先ほども述べたように、部下を叱れない上司が増えてきています。私がコンサルティングで訪問するさまざまな企業でも、「昔は厳しい人が多かったけど、最近は厳しく叱る人がめっきり減った」とよく言われます。あるいは、ビジネス誌などを読んでいても、昔ながらの怖い上司は〝絶滅危惧種〟などと言われています。

4 部下を叱りたくないこれだけの理由

なぜ、最近では叱れない人が増えてしまったのでしょうか。

部下を叱れない上司が増えた要因として、まずは時代背景を挙げることができます。ひと昔前であれば、人前で部下を怒鳴りとばすなど当たり前のことでしたが、今は一歩間違えれば「パワハラ」と訴えられるリスクがあります。

時代が進むにつれて、こうした権利意識が進むのはやむを得ないことです。たとえばひと昔前は、喫煙席と禁煙席を分けるという概念すらありませんでしたが、今はほとんどの公共の場所で禁煙が当たり前の時代になっています。

では、どうすべきか。要は、まわりから見て、それが単に「怒っている」のか「叱っている」のかが、明確に分けられることが大切なのです。〝はじめに〟でも述べましたが、「怒る」と「叱る」は違います。単に、自分の感情をぶつける「怒る」ではなく、本人の成長を願う「叱る」でなければ、周囲の納得は得られません。

次に程度問題です。いかに本人の成長を願うために叱るとはいえ、度を越してしまっては逆効果になりかねません。本書でも詳しく述べていきますが、**叱る上で最も重要なことは本人の納得性であり、決して叱る側の一方的な熱意ではありません。**

しかし、多くの〝部下を叱れない上司〟は、そこまで考えて部下を叱れないわけではないようです。

必要なときに部下を叱れない上司・管理職には、次の3つの傾向が見られます。

①自分の決断や判断に確固たる自信がない

②会社や仕事のあるべき姿に無関心である

③リスクを取りたくない

まず、①について言い換えれば**リーダーとしての哲学が確立されていない**ということです。管理職は、上司である以前に現場のリーダーです。リーダーには哲学が必要です。哲学とは「価値基準」のことです。価値基準が確立されていない人の発言は、状況が変わるたびにブレます。上司の発言がブレると、部下は不安になります。その不安がモチベーションの低下につながり、仕事のパフォーマンスを下げるのです。

ビジネスの世界は、日々刻々と状況が変化します。その中でブレない価値基準を持つということは、上司・管理職として部下を持つ立場にもなれば、必須のことなのです。上司が部下を指導する上での価値基準は、そんなに難しいものではありません。詳しくは2章で述べていきますが、**上司が部下に対して持つべき価値基準とは、「挨拶をする」「遅刻をしない」といった、世間一般で「当たり前」とされていることを徹底することだけ**と言っても過言ではないでしょう。

次に、②の〝会社や仕事のあるべき姿に無関心である〟について言えば、それは言い換えると、「**情熱がない**」ということです。どんな組織や仕事にも〝あるべき姿〟が必ずあります。

たとえば、一流の職人というのは、見えないところほど手を抜くことはありません。かのミケランジェロは、システィーナ礼拝堂の天井画を手がけた際、彼は下からは絶対に見えない構造物の裏側まで徹底的に細部にまでこだわり、〝最後の審判〟をモチーフにした壁画を仕上げました。

そうしたレベルにあるベテラン職人の隣で、新人が「外から見えないからいいだろう」と手を抜いた仕事をしていたならば、ベテラン職人はその新人を厳しく叱ることでしょう。そのベテラン職人には仕事のあるべき姿があり、そしてそのあるべき姿を追求しようとする情熱があるからこそ、その新人を叱るのです。

また、③のリスクが取れないというのは、上司や管理職としては致命的なことです。リーダーシップ論でも、**リスクの取れない人にリーダーは務まらない**と言います。ビジネスはリスクテイクの連続です。リスクを取らず、〝事なかれ主義〟で生き残れるほど、今の時代は甘くはありません。リスクを取らない人は、リスクを取ることを厭わない人に必ず負けます。ビジネスにはさまざまなリスクがありますが、部下を叱るというのもひとつのリスクです。部下を叱ったことが原因で、先に述べたような「パワハラ」で訴えられるかもしれないし、最悪の場合は会社を辞めるようなことになるかもしれません。

このように叱るということには、ある種のリスクを伴います。しかし、リスクを取らない人は、周囲から見れば単なる事なかれ主義者です。管理職や経営者などリーダーになる人は、**リ**

スクを取らない人間に部下や社員はついて来ないことを覚えておくべきでしょう。

このように、部下を叱れないというのは「価値基準がない（あるいは曖昧）」「情熱がない」「リスクが取れない」という、管理職がリーダーシップをとる上で必要な3つの要素が欠落していることの裏返しだということがご理解いただけると思います。

これが、たとえばみんなが仲よくすることが目的の〝学級会〟や〝サークル〟であれば、リーダーにここまでのことは求められません。しかし、これが勝つことが目的である組織のリーダーともなれば話は別です。

たとえば、同じ学生の組織であったとしても、体育会の野球部ともなれば、リーダーには「価値基準」「情熱」「リスクテイク」が求められます。なぜなら、組織自体が〝勝つ〟ことを目的としているからです。

一般企業も同様に、**〝勝つ〟ことが目的の組織**です。〝勝つ〟とは、事業活動によって売上げを上げて利益を出すことです。そのためには競合他社と競い、お客様から選んでいただくという活動を通して〝勝つ〟ことが求められます。

わかりやすい例で言うと、あらゆるテーマパークが不振な中、東京ディズニーランドだけは最高益を上げ続けています。それは、東京ディズニーランドが事業活動を通してファンを増やし続けることにより、他のテーマパークを制しているからです。つまり、勝ち続けているということなのです。

5 そもそも、上司の仕事とは何か？

今の時代は、「勝つ」といった表現が好んで使用されない時代かもしれません。最近の小学校などでは、運動会のリレーで順位をつけない、といった話も聞かれます。

しかし、「勝つ」ことに執着しない集団は、「勝つ」ことに執着する組織に100％負けます。これは歴史が証明している通りです。たとえば、日本最強の企業のひとつであるトヨタ自動車には、「トヨタ自動車4つの規範」と言われるものがあります。これは、トヨタ自動車の社員にとっての行動基準とも言えるものです。その内容は、

①どうしたら勝てるか考えろ！
②仕事は自分でつくれ
③仲間で仕事する
④シナリオをつくる

というものです。行動基準の真っ先に、「どうしたら勝てるか考えろ！」がきていることがわかります。トヨタ自動車は、世界最強になるべくしてなった企業であることが、ここからも汲み取ることができます。

ビジネスの目的が「勝つこと」である以上、上司の役割はただひとつです。

上司の役割とは「部下を勝たせること」——このひと言に尽きます。いくら優しい上司でも、部下を勝たせることができなければ、部下がついてくることはありません。戦場であれば、指揮官が無能だと部隊は全滅です。ビジネスの世界であれば、不振事業からの撤退に伴うリストラ、事業売却、最悪の場合は企業そのものの倒産という結果に表われます。

私は船井総合研究所（以下、船井総研）に入る前、20代後半まである商社に勤めていました。私のいた部署は部長が切れ物で、創設以来一度として赤字になったことがない部署でした。その代わり、その部長はたいへん厳しい人で、まわりの部署からは「軍隊」と言われていました。私も、配属早々から数々の叱責を受け、日々緊張感の中で過ごしていました。もちろん、日々の仕事は雑用のような仕事ばかりでした。

片や、配属早々から上司に認められ、傍から見るとやりがいのある仕事を与えられている同期もいました。その当時流行した情報通信系の新規事業部門でしたが、上司から叱られたことなどほとんどない、と言います。

はじめは「うらやましいな」と思うと同時に、「自分には能力がないのか」と考えたこともありました。しかし、その後わかったことは、彼が所属していた部門は設立から一度も黒字になったことがない部門でした。その後景気が悪くなり、その事業部門は競合他社に売却されてしまいました。その部門に所属していた私の同期も転籍となり、その後退職したようです。自分の所属する部門が競合他社に売却され、幸せになるケースというのは稀なことです。

「勝つ」ためには何をやってもよい、ということではありません。しかし、チームを勝利に導けないリーダーというのは、ひと言で言えば「無能」以外の何者でもありません。無能な上司についてくる部下など、いるはずがありません。

このようなことが顕著に見られる組織が、実は私の所属する船井総研です。船井総研はチーム制組織となっていて、5人前後のチームが約80存在します。それぞれのチームには「リーダー」と呼ばれる管理職がいて、新入社員は2年間の研修期間を過ぎると、自分が所属するチームを自分で選ぶことができます。

つまり、部下が上司を選ぶことができるのです。また、所属しているチームからの異動も、本人の希望でほぼ実現します。つまり船井総研では、部下から評判の悪いリーダーはチームから人がいなくなり、チームを存続させることができなくなるのです。

では、部下の顔色ばかりをうかがうリーダーのチームに人が集まるかというと、そんなことはありません。一見部下に優しいように見えても、自らが成長することができないチームに配属を希望する人などいません。やはり、人が集まるチームというのは、メンバーを成長させる力を持つリーダーのところなのです。

たとえば私のチームは、社内では厳しいことで有名なチームです。では、配属希望者が皆無かと言えばそんなことはなく、毎年何人かの変わり者（?）が私のところへの配属を希望してくれます。

ちなみに私は、学生時代に所属研究室を選ぶ際、最も楽な研究室を選びました。理由は、アルバイトと就職活動のための時間がほしかったからです。しかし、仕事となれば別です。なぜなら、生活がかかっているからです。

船井総研社内で言えば、仕事が楽だからと言って、業績の悪いチームや自らが成長できなさそうなチームを選ぶ人間などいません。誰もが、「自分を勝たせてくれる」可能性のあるチームを選ぶものだからです。

6 偉大なリーダーに学ぶ〝叱り方〟とは

ビジネスをはじめとする組織マネジメントの中で〝偉大なリーダー〟と呼ばれる人は、「叱る」技術を部下教育の中で効果的に用いていたようです。

たとえば、〝経営の神様〟と呼ばれる松下幸之助氏は生まれつき体が弱く、仕事を人に任せざるを得なかったから松下電器は大きくなれたと言います。では、体が弱かったから人を叱らなかったのかと言えばそうではなく、叱るときには別人のように厳しかったと言われています。

有名なエピソードとして、若い頃の松下幸之助氏が激昂してストーブの火かき棒が折れ曲がるぐらい床を叩き、あまりの剣幕に、叱られた側は失神しそうになったという話があります。

また、ホンダの創業者である本田宗一郎氏は、社員がいい加減な仕事をすると体を震わせるほど真っ赤になって叱ったと言います。他にも、ビジネスの世界で誰もが知っているような大経営者と言われる人は、部下を厳しく叱りつけたというエピソードに事欠きません。

また日経新聞に、「私の課長時代」というコラムがあります。これは今、大企業の社長となった人が課長時代のことを振り返って記述したものですが、当時の社長や会長から厳しく叱られたエピソードばかりです。あのとき厳しく叱られたからこそ今がある、という内容がほとんどで、「ほめて育てられた」といった内容は皆無と言っていいほどです。

これらの話は、「叱る」ということがプラスに作用したケースですが、もちろん逆もあります。上司の厳しい叱責が原因でうつ病になるケース、パワハラを受けた社員が会社に対して訴訟を起こすケースなども、新聞を見ていると散見されます。このような、相手を追い詰めてしまうような怒り方と、プラスに作用する叱り方の違いは何なのでしょうか。

詳しくは4章で述べますが、叱る上で気をつけなければならないことは、

①叱る理由を明確に示し、本人が納得するまで説明する
②必ず答えを示す
③叱った後のフォローを行なう

ということです。

叱る理由が不明確なままだと、あるいは本人が納得していないと、叱ったこと自体が逆効果になります。松下幸之助氏は、相手が本当に理解し納得するまで、何時間でも同じ話を繰り返して叱ったと言います。

さらに叱る際には、必ず本人が実現可能なレベルでの「答え」を明確に示さなければなりません。「答え」のない叱り方は、相手を追い詰めることにしかならないからです。

また、松下幸之助氏や本田宗一郎氏等の大経営者がうまかったのは、③の叱った後のフォローです。先ほど述べた、松下幸之助氏にストーブの火かき棒で床を叩いて激昂された社員は、「社長にこれだけ怒られたらもうダメだ。会社を辞めよう……」と思って帰ったところ、自宅の食

卓にご馳走が並んでいたそうです。奥さんに聞くと、幸之助氏から電話があり、「今日はずいぶん叱ったから本人も落ち込んでいるだろう。だから、ご馳走でも食べさせてあげてくれ」と言われたそうです。これを聞いたその社員は、「一生、松下電器に尽くそう」と心に誓ったと言います。

また別のエピソードとして、幸之助氏が厳しく叱責した後でその社員に電話をかけ、叱った際の話題は出さず、「わし、今テレビを見とったんやけどな……」と、まったく別の話題を出して話しかけ、叱られた側が「誠に申し訳ありませんでした」と詫びると「わかればいい。身体に気をつけてがんばるんやで」と励ましたという話もあります。

これらの叱った後のフォローに共通するポイントは、**「あなたに期待しているからこそ叱っているのだ」ということを、改めて相手に伝えている**ということです。

叱るというのは、叱った側も叱られた側も決して気持ちのよいものではありません。叱りたくて叱るのではありません。叱らなければならないから叱るのです。だからこそ、叱った後のフォローが重要になるのです。

ただし、**叱った後で「あのときは言いすぎた……」と詫びるような行為は、リーダーとして絶対にしてはならない**ことです。叱られた部下の側からすれば、「なら、はじめから言うなよ！」ということになり、リーダーとしての威厳も信頼も失うことになってしまいます。

叱った後のフォローとは、叱ったことを詫びることではありません。「あなたに期待しているからこそ、あなたに成長してほしいからこそ叱った」ということを、何らかの形で本人に伝えるのが目的なのです。

私も、部下を叱った後は必ず本人に電話をかけるなど、フォローするようにしています。そして、なぜ私が叱ったのか、再度その目的を説明し、本人が理解しているかどうか、納得しているかどうかを確認し、今後に期待していることを伝えます。

このように「叱る」というのは、かなりエネルギーの必要なことなのです。

7 そもそも、「叱る」理由は何なのか？

では、そこまでして部下を「叱る」理由は何なのでしょうか。その理由を3つ、以下に示します。

①本人の成長を促すため
②本人の身を守るため
③会社・組織を守るため

①については、今まで述べてきた通りです。教育者として知られる二宮尊徳も、「可愛くば、五つ教えて三つほめ、二つ叱ってよき人とせよ」と言っています。つまり、本人の成長を願うからこそ叱らなければならないのです。

しかし、叱る理由はそれだけではありません。成長以前に、まずは**自分の身を守る術を身につけさせなければなりません**。学生の世界であれば、学校なり保護者が身を守ってくれます。しかし、社会では自らが自らの身を守るしかありません。それが、②の「本人の身を守るため」に叱る、ということなのです。

たとえば、私が部下に管理を徹底させていることのひとつに、データの取扱いがあります。コンサルティングという業務の性質上、お客様と重要なデータを受け渡しすることが多々あります。万一、そのデータを紛失したということにでもなれば大問題になります。

そこで私は、データを送付するときには基本的に宅配便を使い、送った時点で先方に電話をかけて何日の何時に到着予定かを伝え、さらに着いた頃に電話をかけて、到着の確認をすることを徹底させています。ちなみに、宅配便はいくつかある会社の中から、最も事故率が低いと言われるクロネコヤマトを使うように指示しています。

宅配便を使う理由は、郵便書留と同様に責任の所在が明確になるからです。これが一般郵便だと、送付物の履歴を追跡することができませんから、**責任の所在が曖昧**になります。つまり、**不要なリスクを背負う**ことになります。

私は先ほど、リーダーはリスクを取らなければならないと言いましたが、取っていいリスクと取ってはならないリスクがあります。重要書類をメール便や一般郵便で送るという行為は、私から言わせれば、保険に入らず車を乗り回すのに等しい行為です。

さらに、送付物を送った時点で電話をかけるのは、**責任の所在が移転したことを暗黙のうちに相手に伝える**ためです。いかに宅配便とはいえ、事故で荷物が紛失するということは十分に考えられることです。万が一、宅配便業者が荷物を紛失した際に、その前に発送した旨の連絡を先方に入れておけば、誰もが宅配便業者の過失であるとわかります。つまり、**リスクをヘッジすることができる**のです。

さらに、宅配便業者が確実に荷物を送付したとしても、お客様の過失で荷物が紛失する可能性もあります。ですから、到着後も確認の電話を入れる必要があります。とくに中小企業の場合、社長宛に日々多くの書類が届きます。忙しい社長の場合、後で見ようと机の上に積んでおくうちに、どこかへ行ってしまうというのはよくある話です。

実際に、到着したはずのデータが先方の手元に着いておらず、その結果、先方が行なうべき作業が大幅に遅れるという事件が起きたことがあります。このときは、荷物が先方のポストの隅に押し込まれていて、荷物が届いていることに誰も気づかなかったことが原因でした。そのデータの発送を担当した人物は中途入社の新入社員でしたが、私が指示した「宅配便送付時の連絡・到着後の連絡」を怠ったことが、そうしたトラブルを引き起こしたのです。

なぜ、私が指示した通りに業務を進めなかったのかと問いただしたところ、まさかこんなトラブルが起きるとは考えが及ばず、甘く見ていたとの反省の弁でした。

船井総研に入社してきたくらいですから、彼は優秀です。しかし、コンサルタントの経験はありませんから、その意味ではアマチュアです。**プロとアマチュアの間には、「緊張感のギャップ」があります**。私などは、宅配便ひとつでも「本当に届くかな?」と常に緊張感を持っています。ですから、私自ら荷物を宅配便業者に持ち込む際には、「重要な荷物ですので、よろしくお願いします」と必ずひと声かけます。そのひと言により、その係員も緊張して作業にあたると思うからです。

しかし、アマチュアには緊張感がありませんから、宅配便を送る行為そのものを「単純作業」

と捉えています。大切な荷物を他人に預けるという緊張感が、そこにはないのです。

こうした「緊張感のギャップ」は、アマチュアとプロ、部下と上司など、立場の差によって生まれます。立場の差というのは、その人がその立場にならなければわからないことです。子供が親にならなければ、親の気持ちがわからないのに等しいものがあります。「経験を積めばわかるだろう」では遅いのです。悪気があってもなくても、業務上で過失を犯せば、本人は何らかの形で責任を取らなければなりません。また、本人ばかりでなく、会社や組織も責任を追及されます。

「緊張感のギャップ」を埋め、立場の差を埋めるためには、叱ることが最も効果的かつ迅速な方法です。これは、本人の成長を願うという表面的なキレイごとだけが目的ではありません。本人を、そして会社や組織を守るために、上司は部下を叱らなければならないのです。

8 部下の行動・能力はすべてリーダーの責任

さらに、ある部品加工メーカーのコンサルティングを行なった際の話です。その会社の従業員が、軍手をはめてボール盤作業をしていました。ボール盤というのはドリルを高速回転させ、鉄などの材料に押し当てて穴を開ける工作機械のことです。ボール盤作業はドリルが高速回転するため、軍手や長袖の裾など、巻き込まれる危険性のある衣類の着用はNGのはずです。

工場を案内してくれたその会社の課長に、「あの人、軍手をはめて作業していますけどいいのですか?」と聞いたところ、「ああ、あの人は何度言っても聞かないんですよね……」と言います。

私は、「危ないことがわかっているのなら、なぜきつく叱ってでも止めさせないのですか?」と、私はその課長を諭しました。工場で、機械に指が巻き込まれたり、指が切断されたりするという事故の原因の多くが、軍手を使用した作業によるものです。

私もその課長も、そのことは知っています。しかし、軍手をはめてボール盤作業を行なっている従業員は、どこまでそのことを知っているのでしょうか。そして、そのことがわかっていて、なぜ無理やりにでもそれを矯正しようとしないのでしょうか。

このように考えると、**あらゆる部下の行動は上司の責任である**と断言することができます。

この軍手作業のケースも、この課長が断固とした態度でその従業員を指導すれば改善されるはずです。そこまで本気で指導していないことが、こうした危険な行動の裏返しなのです。上司が妥協するから部下も妥協する、上司がだらしないから部下もだらしないのです。つまり、**部下のレベルは上司で100％決まる**ということなのです。

上司のレベルで部下のレベルが決まるというのは、心理学の世界でも裏づけのある話です。心理学者レヴィンによれば、人間の行動パターン（B：ビヘイビア）は、その人の性格（P：パーソナリティ）と環境（E：エンバーロメント）によって決まります。

この関係が、有名な〝レヴィンの公式〟であり、B＝E×P という式で表わすことができます。ここで基本的な考え方として、人が他人の性格を変えることはできないことを頭に入れておく必要があります。ですから、**その人の行動パターンを変えるためには、その人の置かれた環境を変える**必要があります。人は、よい環境に置かれればよい行動パターンを取るし、悪い環境に置かれれば悪い行動パターンを取るようになります。

では、あなたの部下にとって最大の環境は何でしょうか？

それは、上司であるあなた自身です。つまり、**部下にとって最大の環境は上司であるあなた自身**なのです。

簡単に言えば、上司であるリーダーが優秀であれば、その部下も優秀です。逆に、リーダーのできが悪ければ、部下のできも悪いということです。「うちの部下は使えない」「私は部下に恵まれない」などと言う人がいますが、これは大きな間違いであって、自己否定に等しい発言です。

リーダー1人で、組織全体が変わります。私は過去に数件、企業再生のコンサルティングを行なったことがありますが、いずれも再生は成功裏に終わりました。

その理由は、これらの案件ではすべて経営者が交代したからです。つまり、再生が成功した最大の要因は、私のコンサルティングよりも経営者が交代したため、ということなのです。**新しいリーダーが社長となったことで、その組織の置かれた環境が変わり、社員が変わり、会社が立ち直った**のです。

これは会社だけの話ではなく、営業所、あるいは会社内の部や課、チームでも同じことが言えます。成績不振の営業所であっても、優れたリーダーが指導すれば、その営業所はほぼ100%立ち直ります。つまり、あらゆる組織はリーダーで決まるのです。

つまり、「ダメな部下」や「使えない部下」などいない、ダメな部下がいるとするなら、それは部下の問題ではなく、上司自身の問題なのです。

このように、リーダーとして、あるいは上司・管理職として「叱る技術」を身につける前に、まず心に刻み込まなければならないことは、「組織はリーダーで100%決まる」ということであり、言い換えれば、「部下のレベルは上司のレベルで100%決まる」ということです。

この鉄則が受け入れられなければ、いくら部下指導の表面的なテクニックを身につけたところで、成果につながることはないでしょう。

そもそも、上司よりも優秀な部下など存在しません。仮に、部下が上司よりも優秀であれば、その部下は上司のことをスポイルするか、その上司の元から逃げ出すことでしょう。部下の能力は上司の3割程度、くらいに考えて指導にあたらなければなりません。あなたよりもスキルが低いから、あなたの部下はあなたの部下でいてくれるのです。

ですから、1人でも部下を持つ立場の上司・管理職であれば、**常に仕事のスキルはもちろんのこと、自分自身のレベルを高めていく努力をし続けなければなりません。**

組織はリーダーで100％決まる——この鉄則を受け入れることが、「叱る」技術を身につける上での前提条件と言えるでしょう。

2章

部下も納得！ 反論されない “叱り方”のポイント

1 相手が納得できない「叱り方」は逆効果

前章では、上司・管理職として「叱る」ことの必要性について述べてきました。では、上司の立場で、「叱る」ことをためらってしまう理由とは何なのでしょうか。

それは、主に次の3つです。
①相手から嫌われるのが不安である
②相手から反論されるのが嫌だ
③辞められてしまったら困る
こうした3つの問題が起きる理由はただひとつです。それは、相手が叱られていることに対して「納得」していないということです。言い換えると、「叱る」上で相手を納得させること、つまり「なぜ、叱られたのか」ということを、心の底から理解してもらうことが絶対条件であることがわかります。

しかし、「叱る」という行為を相手に納得させるということは、きわめて難しいことです。なぜなら、人は誰しも自分の非を簡単には認めたくない、という特性があるからです。とくに、上司から「叱られる」レベルの、いわゆる半人前の段階の部下ほど、自分の非を簡単には認めようとしません。

こうした人間の特性を表わすものとして、親鸞の「善人なおもて往生をとぐ、いわんや悪人をや」という有名な言葉があります。つまり、「善人でも天国に行けるのに、ましてや悪人が天国に行けないはずがない」と言っているのです。

では、なぜ親鸞は、善人よりも悪人のほうが天国に行けるというのでしょうか。悪人というのは、「自分は悪いことをした」という意識が常にありますから、「自分は間違っていた」と、自らを〝悔い改める〟ことができます。

ところが善人というのは、「自分は正しい」という意識が強いですから、なかなか〝悔い改める〟ということができません。しかし、実際には本当に悪いことをしたことがない、本当の意味の善人など世の中には存在しません。自らが、勝手に「善人」だと思い込んでいるだけなのです。

つまりこの言葉は、自分の非を認め、それを改善することの必要性とともに、その難しさを説いているのです。

また聖書にも、「悔い改めよ」という言葉が頻繁に出てきます。洋の東西を問わず、自分の非を認めてそれを改善しなければならないにもかかわらず、それをなかなか受け入れられない人間の特性が大きなテーマとなっているのは興味深いところです。

いずれにしても、部下を持つ立場の上司・管理職やリーダーであれば、まずこうした人間の特性はしっかりと理解しておかなければならないでしょう。つまり、叱ったことに対して相手を納得させるというのは、とても難しいことなのです。

ですが、どれだけ厳しく叱っても相手が納得するただひとつの条件があります。それは、その上司が心の底から部下から尊敬されているケースです。尊敬している相手からであれば、叱られても納得して、全面的にそれを受け入れることができます。逆に、尊敬できない上司から叱られた場合は、部下としてもなかなか納得することはできません。

しかし、実際のビジネスの場では、そうした関係を築くまでの時間が与えられない中で叱らざるを得ないケースも出てきます。

上司が部下を叱らなければならない理由は1章でも述べましたが、部下を守るためでもあり、会社・組織を守るためでもあります。つまり、**相手から尊敬されていようがいまいが、叱るべきときにはタイムリーに叱らなければならないし、「叱られた」という事実に対して納得させるだけの「叱る技術」が、上司・管理職やリーダーには求められる**のです。

そうした観点で、叱るということに対して相手を納得させるポイントは次の3つです。
①大きなことよりも小さなことで叱る
②自分の言葉で叱る
③自分の利益を目的として叱らない
叱る相手を納得させる、この3つのポイントについて詳しく述べていきたいと思います。

2 なぜ、神は細部に宿るのか

「神は細部に宿る」という言葉があります。これは、小さなこと、細かいこと、取るに足りないように見えることが、きわめて重要ということです。先ほど述べた、叱る上で相手を納得させるポイント①の「大きなことよりも小さなことで叱る」というのはそういう意味です。ではなぜ、大きなことよりも小さなことのほうが、叱られる側は納得しやすいのでしょうか。

たとえば、「売上予算を達成できない」といったことは大きなことです。それに対して、「靴を揃えない」「挨拶をしない」といったことは小さなことです。大きなことは、うまくいかない理由や要素が数多くあります。

たとえば、「売上予算を達成できない」理由として、〝景気が悪い〟〝担当先が悪い〟〝自社の商品が悪い〟〝書類作成や業務に手を取られる〟など、さまざまな要素を挙げることができます。ですから、「何で、売上予算を達成できないんだ！」と叱っても、相手としても納得性は低くならざるを得ません。

それよりも、「何で挨拶をしないんだ」「何できちんと靴を揃えないんだ」という指摘に対しては、相手としても反論のしようがありません。そこに複数の理由や要素はないし、何よりも、誰もが認識している、反論のしようがない常識だからです。

また、先ほど述べたような「売上予算を達成できない」といった大きな現象は、その現象がいきなり存在するわけではなく、いわば小さなことの積み重ねが、結果として大きな現象となっているのです。

つまり、**小さなことがきちんとできないと、大きな仕事で成果を出すことはできない**のです。そうした視点でも、大きなことより小さなことで叱るほうがよいと言えます。

たとえば、われわれのような経営コンサルタントは、さまざまな経営課題に対して分析・仮説提示・検証を行ない、数百ページに渡る「報告書」というドキュメントを通して、お客様への提案を行ないます。プロが高額なフィーを取ってつくる「報告書」ですから、当然内容は論理的かつ説得力のあるものでなければ、お客様は納得してくれません。

つまり、コンサルタントにとっては、まずは論理的かつ説得力のある「報告書」を書くスキルを身につける必要があるわけですが、私が新人コンサルタントを指導する際に教え込むのはロジカルシンキングなどではなく、細部に徹底してこだわって仕上げるということです。

論理的に矛盾した報告書を書く人の共通点として、論理性以前に誰でもできるような細部の配慮ができていません。たとえば表をつくる際、表のマスの間隔の長さがバラバラであったり、数値の単位がバラバラであったりします。

このとき私が、「キミ、この表はマスの長さが全部バラバラだけど、何で長さを統一しないの？」と聞くと、「あっ、気がつきませんでした」と答えます。そして大半の場合、1回の注意でそれは改善されません。次もまた同じことが繰り返され、表のマスの長さがバラバラなわけです。

表をつくる際には〝エクセル〟というソフトを使用しますが、エクセルを使用すれば表の幅や高さは、任意の数値で長さを指定してつくることができます。これは、誰でもできることです。誰でもできる仕事ができない人に、その人に依存するようなスキルが求められる仕事をこなすことは絶対にできません。

ですから私は、新人に報告書のつくり方を指導する際、ロジカルシンキングの話などしたことがありません。それよりも、「表の長さを揃えろ」「単位を揃えろ」、さらに「図形のレイアウトの中心を合わせろ」「図形の線がはみ出さないように美しくつくれ」といった、誰もが意識すればできることしか指導しません。逆に、こうしたことができるようになれば、自然と論理的な報告書が書けるようになるのです。

細かなことに気がつかない、さらには指摘されても簡単に直らない理由は、本人がその仕事に対して主体的に取り組んでいないからです。表面的には真剣に取り組んでいるように見えても、潜在意識も含めて、主体的にならなければ細かいところにまで配慮が行き届かないし、よい仕事をすることはできません。

このことは、学生時代に私自身が身をもって体験したことです。私の母は飲食店を経営していましたが、私も中学生の頃から母親の店を手伝っていました。そのとき、母親から「ボトルを並べているショーケースを掃除しなさい」と言われました。私は内心、「面倒くさいな」と思いながら、「早く終わらせよう」とおざなりにショーケースを拭きました。「終わったよ」と私が言うと、「それではダメだ」と母が言います。「お客さんの席から見たときにホコリが見える。ボトルにホコリが残っていると、いかにも流行っていない店だと思われるから、1本1本きちんと拭きなさい」と言われました。

母は、「ホコリが残っているのが見える」と言うのですが、私にはそれが見えませんでした。正直言って、私が母親の店を手伝ったのは主体的な行為ではありませんでした。母親に「開店前の掃除だけでも手伝ってくれ」と頼まれ、義務感からやむを得ず手伝っていた、というのが本音でした。主体的に取り組んでいないから、私にはそのホコリが見えなかったわけです。今なら、私にもそのホコリが見えると思います。

どんな仕事も、主体的に取り組まなければ成果を出すことはできません。**「人から頼まれた仕事だ」「自分の本来の仕事ではない」という意識では成果は出ません**。そして、そうした意識は、〝誰もができるはずの細かい配慮ができない〟という現象となって表われます。

それが、報告書の表のマスの長さや図形のレイアウト、あるいはボトル棚のホコリなのです。逆に言えば、その人の意識を変えるためには、きちんとその理由を説明した上で、こうした細かいことを徹底して行なわせることです。細かなことが徹底できれば、大きな仕事もやり遂げることができます。これが、「神は細部に宿る」という言葉の意味なのです。

3 ルールや規則に頼るリーダーは部下から相手にされない

さらに、相手を納得させる上で「自分の言葉で叱る」ということも重要なことです。

たとえば、あなたが中学校の教師だったとします。授業をしようとしたら、ある生徒が髪を茶色に染めていました。先週までは黒色だったのに、この週末に染めてきたようです。あなたが教師なら、どのように叱るでしょうか？

最もまずいのは、「茶髪にするのは校則に違反しているからやめなさい！」という叱り方でしょう。「校則に違反しているからやめなさい！」という言葉の中に、その教師の価値観は何ら入っていません。校則に違反していることを「校則に違反している」と叱るのは、それこそ小学生でもできることです。

私が教師なら、「それが人にものを教えてもらう態度か！」と一喝することでしょう。もちろん、そうした指導を行なうためには教師の側が全力で授業に取り組み、普段からこちらの身だしなみもきちんとした上でなければ、その指導は説得力を持たないでしょう。

それ以上に重要なのは、「校則に違反している」という、誰もがわかる事実を指摘することではない、ということです。髪を茶髪に染めた彼も、校則に違反していることなどわかりきったことだからです。相手がわかりきったことを指摘するのではなく、「なぜ、茶髪がダメなのか」

を、自分の言葉で語って聞かせることが必要なのです。

たとえば、新入社員が会社に遅れてきたとします。しかも、遅刻が2日連続で続いたとします。この新入社員に対して、どのように叱るべきでしょうか。

ここで「就業規定に違反しているぞ」とか「時間を守るのは社会人としての常識だ」という叱り方は、それは誰もがわかっていることで、遅刻した当人も認識していることです。それよりも、**なぜ遅刻をすることが就業規定に定められるほどまずいことなのか、あるいは時間を守ることが、なぜ社会人としての常識なのかを指摘するべき**です。

私であれば、「相手を不安にさせないことが、社会人としての気配りの第一歩だ！」と諭すでしょう。私はビジネスにおいて最も大切なことは、相手への「気配り」だと考えています。ビジネスだけでなく、家庭生活や友人との関係においても「気配り」が最も大切なことではないでしょうか。

私は、前職で商社に勤務しており、その当時の部長から厳しい指導を受けたと書きましたが、その当時の部長の口癖が「営業は気配りや」というものでした。私は、「なるほど、営業とは気配りなのか！」と、少しだけ悟った気分になったわけですが、努めて気配りに徹した結果、社内でも先輩や周囲の人から好かれるようになり、営業成績も好転したのです。

「ビジネスは気配りである」――これは、私の価値観の根幹をなすものです。

その観点で、ビジネスをはじめとするあらゆる人間関係において、まずは「**相手を不安にさ**

せない」という気配りが最も重要です。遅刻をする、時間に遅れるというのは、何よりも相手やまわりの人を不安に陥れる行為です。「この人に仕事を任せられるのかな？」「本気で仕事をするつもりがあるのかな？」と周囲の人は不安になってしまいます。

遅刻だけではありません。たとえば、「髭を伸ばす」「茶髪にする」「長髪にする」といった外観についても、いわば相手を不安にさせる行為です。たとえば、あなたが売店でお茶を買おうとしたとします。その際2つの売店があり、片方は清楚な髪型で髭もきちんと剃った店員が立っている、片や茶髪で髭を生やした店員が立っている店があったとき、価格や店の混み方が同じ程度であれば、あなたならどちらの売店でお茶を買いますか、ということです。普通は前者の店員から買うでしょう。それは、その店員に対して不安を覚えないからです。

誤解していただきたくないことは、私は髭を伸ばすことや茶髪、長髪がダメだと言っているのではありません。もし、こうした行為を注意する必要があるのであれば、**自分の言葉で語らなければ相手は納得しませんよ**、ということが言いたいのです。

このように、自分なりの価値観が明確でなければ、自分の言葉で語ることはできません。1章で〝リーダーには哲学が必要〟と述べたのは、このようなリーダーとしての価値観や哲学が、さまざまな場面で必要となるからなのです。

4 リーダーシップの鉄則、自分への利益誘導はしない

相手を納得させるための3つ目の要素、「自分の利益を目的として叱らない」についてですが、これは叱る上だけでなく、リーダーシップをとる上でも鉄則と言える考え方です。

たとえば、幕末の志士である坂本竜馬、キューバの革命家であるチェ・ゲバラが時代を超えて人気があるのは、彼らは自分の利益のために革命を指導したのではなく、日本を海外列強にも負けない一流国家にする、あるいは虐げられている人民を救う、という大きな志のもとに自分自身を犠牲にして行動したから、人々の共感を集めているのです。

逆に、独裁者の多くが長続きしない理由は、彼らが不正に蓄財をするなど、自分自身の利益誘導を図るからです。

力で押さえつけるリーダーシップが長続きしないことは、歴史が証明しています。長く続くリーダーシップとは志に基づくものであり、特定個人への利益誘導は長続きしません。

とくに、「叱る」というのは、リーダーシップの究極の姿と考えたらよいでしょう。つまり、人を動かす上で大きな効果がありますが、ひとつ間違えると大きな逆効果を招く行為であるとも言えます。だからこそ、「叱る」上で「自分の利益を目的として叱らない」が必要になるわけです。

5 人前で叱ってもかまわない？

また、「叱る」ことへの納得性を得る上で、リアルタイムで叱ることも重要です。つまり、問題のある行動をとった、あるいは発言をしたその場で叱ることが重要なのです。

一般論として、「人前で叱ってはならない」と言いますが、私はそうは思いません。詳しくは6章で述べますが、人前で叱ることがマイナスに働くようなタイプの相手もあります。そうした相手の場合には、別途機会をつくって叱るべきですが、多くの場合、人前であろうがなかろうが、**叱るときには「現行犯」が基本**なのです。

なぜ、基本的に人前で叱るべきなのか、その理由として次の2点を挙げることができます。

①周囲の人から本人へのフォローのため
②価値基準を周囲にも理解させるため

何度も述べましたが、「叱る」という行為は効果が大きい分、マイナス効果を生み出す可能性のある、いわば〝諸刃の剣〟とも言えるリーダーシップの手段です。

ですから、そもそも本人以外のまわりの人に聞かれたらまずいようなことを叱るべきではありません。たとえば叱るというのは、一歩間違えれば〝パワハラ〟と訴えられる可能性もあることです。また、必要以上に相手を傷つける可能性もあります。そうした「叱る」という行為は密室の1対1で行なうよりも、周囲の目があるところで正々堂々と行なうべきだと私は思うのです。

また1対1で叱るよりも、私が叱ったことに対してまわりの人が、「あれは片山さんが言う通りだよ」となるほうが説得力も増します。言い換えれば、**まわりに聞かれて困るようなやり方で叱るべきではない**、ということなのです。

叱っているのを聞いているまわりが、「やりすぎだ」と思うような叱り方は、それこそ〝パワハラ〟だと訴えられても仕方がないでしょう。

さらに、叱られた当人に対してまわりの人が、「俺も、昔は同じようなことで叱られたことがあるよ」とフォローしてくれれば、本人もホッとするのではないでしょうか。

いずれにしても、人前で叱るというのは一見厳しいことのように見えますが、叱るという効果を高める上で、また本人をフォローする上で効果的と言えます。

また、人前で叱ることによって、**リーダーの価値基準を他のメンバーに示すこともできます**。つまり、「なるほど、こういうことで叱られるのか」ということを知らしめることで、リーダーの価値基準を示すことになるのです。

たとえば、ある新入社員のケースでは、彼は経験が浅いこともあって仕事ぶりがラフで、簡単なデータ入力などでも間違いを繰り返していました。こうした仕事のクオリティというのは多くの場合、本人が生まれ持った性格も大きく作用しているため、仕事に支障をきたさないレベルで本人の性格を変える必要があります。

性格を変えるためには、行動を変える必要があります。たとえば彼の場合、「これをコピーしておいて」と渡した書類を返すとき、その書類のホチキスを乱暴に外した後が書類に穴として残り、渡した順番と違う順番で書類が綴じられていたわけです。

本人からすれば些細なことかもしれませんが、渡した書類を正しく原形復帰しようとする概念が欠落しているから、すべての仕事のクオリティが下がるのです。

そのときはチームミーティングの時間でしたが、その書類を返してもらうと同時に私は、「キミ、何でこの書類は渡したときと違う順序で綴じられているんだ？」と叱責しました。さらに、「もっと言えば、何で乱暴にホチキスを外して、しかも綴じてあった場所と違う場所でホチキスを綴じたんだ？」と続けました。

しかし、本人にはそれが悪いことだという認識がありませんから、「えっ？」と驚いた顔をしています。「〝えっ〟じゃないよ。何で渡したときと同じ状態に戻して俺に返さないんだ！」と、明らかに本人が納得した顔に変わるまで、些細なことですが30分間私は説教しました。その間、チームミーティングは中断です。

しかし、こうした基本動作のできない人に、なぜデータ入力をたびたびミスするのか、と説教しても無駄なのです。データ入力以前に、借りたものを元通りにして返す、というきわめて当たり前のことが重要で、それが徹底できる癖づけを行なうことが重要なのです。

夜遅くにスタートしたミーティングですから、他のメンバーは「片山さんは、そんなことでいつまで説教を続けるのだろう……」と思ったかもしれません。しかし同時に、「なるほど、そういう細かいことを徹底しなければダメなのか！」とも感じたはずです。

またその場にいた先輩メンバーの中にも、このような意識が薄い人もいたはずです。その人からすれば自分が叱られることなく、この新人が叱られているのを聞いて学ぶことができたはずです。

このように1人に対する指導が、全員への指導となる意味で〝人前で叱る〟ということも必要なのです。

6 〝ミス〟を叱らず〝心のあり方（＝スタンス）〟を叱ろう

私は、「売上・粗利予算がいかない」「商談を受注できない」といった本人が解決不可能なことを叱ることはまずありません。しかし、本人の心のあり方（＝スタンス）が間違っている場合は、厳しく叱るようにしています。たとえば以前、このようなことがありました。

ある中途入社の社員が、はじめて自分主催のセミナーを開催することになりました。ところが集客が思わしくなく、セミナーの中止を検討しなければならない状況になりました。

私は、「最後まであきらめたらあかん。コストかけてDMも送付してるのだから、過去のお客様に手紙を書くなり、電話をするなりして最後までベストを尽くせ」と指導しました。ところが彼は「うーん、やっぱり業界が悪いんですかね……」と言って、本気で集客をする素振りを見せません。

そこで私は、「ふざけるな！」と机を叩きました。「お前のセミナーのために、どれだけの人間が手間隙かけて準備進めてると思っているんや！　何を簡単にあきらめてんねん!!」

私は、なぜセミナーの集客が悪いんだ！　と叱っているわけではありません。**なぜ業界のせいにするのか、さらになぜ簡単にあきらめるのか、という〝スタンス〟を叱っている**のです。

私のあまりの剣幕に押された彼はその後集客に励み、おかげでそのセミナーは予定通りに実施することができました。

明らかに間違っていることに対して、相手が納得していない様子であれば、本当に納得するまで叱るのを止めるべきではありません。相手が叱られたことに納得するまで、本当の意味でこちらが言っていることを理解するまで、続けなければならないのです。

1章でも述べた松下幸之助氏も、相手が本当に納得するまで叱り続けたことで知られています。松下幸之助氏から長年薫陶を受けたことで有名な、PHP研究所の前社長だった江口克彦氏の著書『成功の法則』の中に、そうしたエピソードが書かれています。

ある日、江口氏からすれば些細なことで、松下幸之助氏を怒らせてしまいました。幸之助氏から呼び出しがかかり、説教がはじまる。時間は夜の7時。江口氏は内心、「そんなことを言っても、それなりの事情があったのだから仕方ないだろう……」と思っていた。

そうした江口氏の心中を見透かしたかのように、幸之助氏は叱り続ける。同じことを何度も何度も繰り返し、叱り続ける。そして1時間が経過。当時の幸之助氏は70歳を越えていて、そのうち江口氏は「この年齢で、ここまで熱心に叱り続けている」ことに感動して、心の底から「自分が間違っていた」と確信するに至ったそうです。

そうした江口氏の心境の変化を察したかのように、幸之助氏が「わかったら、もうええわ」と説教をやめました。そのとき、すでに時計は夜10時をまわっていたと言います。

なぜ幸之助氏は、江口氏の言う「些細なこと」で3時間に渡って叱り続けたのでしょうか。

それは、その些細なことが問題なのではなく、心のあり方やスタンスが問題だったからです。

たとえば、先ほど述べた「コピーした書類のホチキスの止め方が雑である」ということは、そのホチキスを止めながら「こんな仕事は雑用だ」「他にも大事な仕事があるのに」と思って仕事をしているから、結果としてホチキスの止め方が雑になるのです。

よい仕事をするためには、本来はその書類を見る人の気持ちになってホチキス止めを行なわなければならないはずです。書類を渡されたとき、ホチキスの向きが紙を開く方向と逆に止められていたら常識を疑うでしょう。

あるいは、ホチキスの玉が紙をしっかり貫通しておらず、途中で潰れていたら「いい加減な仕事をする人だな」と思われ、それが社外のお客であれば一発で会社の信用を落とすことになるでしょう。

仕事というのはこのように、いかに相手の立場に立って物事が考えられるかどうかがすべてなのです。したがって、ホチキスの止め方がまずいというのは、その現象自体がまずいのではなく、その人の心の持ち方やスタンスに問題があると考えるべきなのです。

つまり、表面的なミスを責めるのではなく、その人の心のあり方やスタンスを叱らなければならないのです。ミスは人間誰しもあります。私だってミスはします。

ミスを叱るのではなく、物事に対する考え方や心のあり方、スタンスが間違っていることを叱らなければならないのです。

7 叱ることで、〝外発的欲求〟を〝内発的欲求〟に変化させよう

では、どのようにすれば、本人の心のあり方やスタンスを正しい方向に導くことができるのでしょうか。リーダーが考えなければならないことは、「叱られるからこうしなければ」という外発的欲求ではなく、「本来こうあるべきだから、こうしなければ」という内発的欲求で動く人間を育てるということです。

〝外発的欲求〟とは、文字通り外部から影響する作用のことです。たとえば子供が、「勉強をしないと親に叱られる」と、親が見ている間だけ勉強をする状態が〝外発的欲求〟によって行動している状態です。この状態だと、親がどこかに出かけてしまったら勉強をやめてマンガを読んだり、あるいはテレビに夢中になるなどと、結局本人の身になることはありません。

これに対して、「自分は将来お医者さんになりたいんだ、だから勉強しなくては……」と自分の意思に基づいて勉強している状態が、〝内発的欲求〟に基づいて行動している状態です。この状態だと、自分の意思で勉強をしているわけですから、親がいようがいまいが自らのために勉強を進めるわけですから、当然本人の身になることでしょう。

たとえば、叱ることによって「恐怖で支配」するのは、いわば外発的欲求でその人の行動パターンを変えようとする行為ですから、いわばうわべだけの人間をつくり出すことにしかなり

ません。上司の目が行き届くところでだけ仕事をして、見えないところでは手を抜く、といった姿勢では、今の厳しい時代にビジネスで成果を上げることはできません。何よりも、そのような部下をつくるために叱ることが目的ではないはずです。

そうではなく、**叱ることで本人の内発的欲求に訴えかけ、その結果その人の行動パターンをよい方向に変えることが、叱ることの目的**なのです。つまり、上司が見ていようがいまいが、手を抜かずプロに恥じない仕事を黙々とこなす人間をつくらなければならないのです。ではどうすれば、叱ることによって本人の内発的欲求に火を着けることができるのでしょうか。

最も簡単な方法は、**本人が理解・納得するまで叱り続ける**ということです。先ほど、松下幸之助氏が70歳という高齢にもかかわらず、同じことで3時間叱り続けたというエピソードを書きましたが、これなども、本人が理解・納得するまで叱り続けることを止めなかった、ということです。言い換えると、〝外発的欲求〟が〝内発的欲求〟に変化するまで叱り続けたということです。

また、〝外発的欲求〟が〝内発的欲求〟に変化するまで叱るというのは、言い換えると、**物事を〝あいまい〟にしない**、ということです。まずいことはまずいこととして叱る、相手が理解して納得するまで叱らなければならないのです。つまり、物事の白黒をハッキリつけることが大切なのです。

もちろん、世の中にはグレーなこともあります。たとえば、制限速度が時速30㎞のとき、パトカーが40㎞前後のスピードで走っていることがあります。このあたりはグレーなところですが、私はそれはそれでかまわないと考えます。

ここで言いたいことは、**明らかにダメなものは、ダメと言わなければならない**、ということです。たとえば、

・会社の悪口を言う
・上司、部下、同僚の悪口を言う
・士気を下げる発言をする
・時間を守る、挨拶をするといった基本的なルールを守らない
・守るべきルールを破る

といったことに対しては、リーダーとしてあいまいに終わらせてはならないのです。

たとえば、ある社員60名くらいの鉄工所で、このような話があります。そこの社長は二代目で、先代から番頭だった営業担当の役員に退職されてしまい、営業力の低下に悩んでいました。そこで、40歳半ばで業界経験の長い即戦力を採用し、営業担当の部長に据えました。彼は、業界の知識が豊富で技術も知っており、文字通り即戦力としてすぐに頭角を表わしました。しかし、同時に気になる行動もあったと言います。

それは、自分がいた前の会社と今の会社を比較して、今の会社の批判をするのです。そのうち、社外でも自社の悪口を言うようになりました。役職者ともあろう人間が、社外で自分の会

社の批判をすることなど言語道断です。経営者として放置するのではなく、二度と人前で自分の会社の批判をしないよう、強力な釘を刺すことが必要です。

しかし、その社長は「営業成績も上げているし、辞められても困るから……」ということで見て見ぬ振りをしていました。その後、この部長は常務まで昇格したのですが、そのうち誰が社長なのかわからないような言動をとるようになり、客先でも平気で社長の悪口を言うようになりました。社長と常務の仲は明らかに険悪となり、そのうちこの常務は何人かの社員を引き連れて独立し、ライバル会社となってしまったのです。

今ではこの社長も、最初の段階で毅然とした態度で教育しておくべきだったと悔やんでいます。得てして〝やり手〟の人は個性が強いですから、厳しい態度で臨むと辞めてしまうリスクはあります。しかし、経営者であれば腹を括り、もし辞められたら自分がすべてその仕事を肩代わりする、というくらいの気概が必要なのです。

同じことが、中間管理職にも言えます。明らかに部下がおかしな行動をとっていると感じるのであれば、正面からそれを指摘して議論するべきです。年下の部下であれば、いろいろな指摘もしやすいかもしれませんが、年上の部下や自分よりも職歴の長い部下など、さまざまなケースがあるでしょう。

しかし、まずいと思われることを〝あいまい〟にすることほど、組織をダメにすることはないと心得ておかなければなりません。

8 自分の人間性を高めるためには「受容」が不可欠

前項で、リーダーは、物事を〝あいまい〟にしてはならないと言いましたが、それ以上に、リーダーとして心がけなければならないことは、相手を「受容」しなければならない、ということです。

つまり、自分と「性格が合わない相手」「価値観が合わない相手」も、リーダーとして「受容」していく必要があるのです。

人間の行動パターンは、その人の性格によって大きく影響を受けます。たとえば、世の中にはすべてのことに対して前向き、ポジティブな人もいれば、後ろ向き、ネガティブな人もいます。ここで、ポジティブかネガティブか、というのもひとつの性格です。また、何かの質問に対して常に即答できる人もいれば、考え込む人もいます。これも頭のよい・悪い、やる気のある・なしという問題ではなく、起因するところはその人自身の性格です。

また、「仕事こそ自己実現の手段」という人もいれば、「仕事は趣味を実現するための手段」という価値観の人もいることでしょう。

人の性格は他人が変えられるものではないし、人の価値観にしても〝これが絶対に正しい〟などというものはありません。人の上に立つリーダーは、自分とどれだけ異質な人を受け入れられるか、ということが大きなポイントになります。

私はこの、「人間性」、〝いかに他者を「受容」できるか〟ということこそ、その人の「人間性」であると考えています。つまり、「人間性」を高めるということは、言い換えると、自分と異質のものを受け容れる自分自身の〝器〟を大きくする、ということだと思うのです。

また、自分と異質のものを受け容れるというのは、ビジネスのパフォーマンスを高める上でも、実は効果的なことなのです。ある産業心理学の研究によれば、同じようなタイプ（＝同質）ばかりが集まったチームと、異なるタイプ（＝異質）が集まったチームとでは、後者のほうが高いパフォーマンスを上げることが実証されています。研究によれば、同質な人が集まったチームは一見仲がよく、高いパフォーマンスが出せるように見えますが、必ずしもそうではなく、平均すると異質な者同士が集まったチームが最も成果を上げた、と研究では報告しています。

ただし、この異質な者同士が集まったチームが成果を上げるためには、ひとつの条件があります。それは、個性的なメンバーをまとめ上げるリーダーの存在です。異質な者を受容し、リーダーシップのとれるリーダーがいてこそ、チームは高いパフォーマンスを上げることができるのです。

相手を受容するためには「高い志」が必要です。よく、「会社は経営者の器以上に大きくならない」と言われますが、ここで言う〝器〟とは「高い志」と、それに伴う「相手を受容する力」の大きさだと考えます。

経営者だけではありません。私から言わせれば、「組織はリーダーの器以上に大きくならない」のです。よく〝課長〟だった頃は優秀で部下から慕われていたのに、〝部長〟になったとたんに輝きをなくし、部下も離れていってしまう人がいます。これは、自分の器以上に大きな役職・ポストに就いてしまったことが原因です。

つまり、リーダーである以上、常に意識して、自らの「志」、さらには「相手を受容する力」を高めていく努力をし続けなければならないのです。

3章

叱るポイントはここ！
まず身だしなみ・
ビジネスマナーを
徹底させよう

1 なぜ、〝身だしなみ〟の指導が重要なのか

ビジネスで成果を上げる第一歩は「身だしなみ」です。

たとえば、仕事で成果を出せる人というのは、地味でも自分の体に合ったスーツをきちんと着こなし、常にズボンの折り目がついている人です。逆に、自分の体にサイズが合っていないスーツを着て平気な人、ズボンの折り目が消えても平気な人というのは私が知る限り、仕事で成果を上げられないケースがほとんどです。

また身だしなみには、その人の仕事に対する「意識」が表われます。

とくにズボンの折り目については、その人の意識が強く現われると言っていいでしょう。たとえば、私は極力足を組まないようにしています。足を組むと、ズボンの折り目が消えやすくなるからです。同様の理由で、座ったときに膝の上に物を載せることもありません。

しかし、身だしなみに無頓着な人は平気で足を組むし、重たい荷物を膝の上に載せて座っていても平気です。ですから、ズボンの折り目が消えている人に、「きちんと折り目をつけなさい」と注意しても、なかなか改善されません。それが、その人の「意識」だからです。

こうした、本人の意識が仕事に悪く作用すると、仕事の詰めが甘い、納期を守らないなど、ルーズな仕事ぶりとなって現われてきます。仕事がルーズな人にその現象面だけを叱っても、

改善されることはありません。

そのためには、その人の意識を変える必要があり、意識を変えるためには行動を変えなければなりません。ここで言う行動を変えるというのが、「身だしなみ」の指導ということなのです。

事実、部下と同行した際、ズボンの折り目が消えている人、あるいは消えかかっている人というのは、自分の衣服への扱いが雑です。たとえば新幹線の車中などで、いつまでも膝の上に荷物を載せていたり、上着を乱雑に荷物棚に置いたりするのが目につきます。私はそのつど、「しわになるよ」とか「折り目が消えるよ」と指導しますが、まず1回や2回言ったところで、その人の行動は変わりません。

なぜなら、服装や髪型などの「身だしなみ」というものは、その人の生活態度そのものですから、一度や二度言ったところで簡単に改善するものではないからです。ある研究によると、その人の行動パターンを変えるためには、少なくとも7回は同じことを繰り返し注意しなければ、潜在意識に刷り込まれた習慣を変えることはできないと言います。

つまり、一回や二回注意して改善されると思ったら大きな間違いで、リーダーとしては同じことを、繰り返し繰り返し指導し続けていく忍耐が必要なのです。

よく、「彼は、何回言っても行動が改まらないからダメです」といった発言をするマネージャーがいます。そこで私が、「では、何回注意しましたか？」と聞くと、「もう3回言った！仏の顔も三度までですよ！」と言いますが、3回やそこいら言ったところで簡単に変わることはありません。

　上司であれば、「最低7回は言わなければならない」という意識を持つべきです。ここで留意していただきたいことは、7回言えば改善するということではありません。〝最低〟7回は言わなければ改善しない、ということなのです。つまり、7回で足りないのであれば10回、20回と言わなければならないということなのです。

2 〝茶髪〟〝ヒゲ〟の社員にどう指導を行なうべきか？

今まで述べてきたような本人の不注意、あるいは知識不足から起きる「身だしなみ」の悪さは、先ほど述べた通り、何回も指導し続ければいつか改善するかもしれません。しかし、本当に指導しなければならないケースは、本人の価値観からくる〝確信犯的〟な「身だしなみ」のまずさです。たとえば、〝茶髪〟や〝ヒゲ〟などです。

茶髪やヒゲなどを就業規則で明確に禁じている会社は別ですが、とくにそれを明確にしていない職場で、こうした社員が自分の部下になったとします。さらに、上司であるあなた自身は茶髪やヒゲなどとんでもない、という考え方の持ち主であったとします。このような場合、あなたならどのような指導をこの部下に対して行なうか、ということです。

実は、私自身がこうした経験をしたことがあります。船井総研は自由な会社ですから、茶髪やヒゲを就業規則で禁ずるようなことはしていません。これは、新入社員に対しても同じです。そうした中である年、入社したときから茶髪、さらにヒゲを生やした新卒の社員が入社してきました。入社後の研修で、人事担当者から「茶髪とヒゲをやめなさい」と言われても、「それを知っていて採用したのでしょう」と譲らず、その後配属された先でも反抗的な態度で一貫していた彼は、私のグループに配属されることになりました。

担当役員は、社内でも有名な私のきつい指導で彼の茶髪とヒゲをやめさせることを期待していたようですが、私はあえて「茶髪をやめろ」とは言いませんでした。その理由は、彼の性格と入社後しばらく茶髪・ヒゲで通してしまっている以上、急に「茶髪をやめろ」と言っても話が平行線になってしまい、追い込むと結局、彼を辞めさせることになると考えたからです。

私は彼に、「コンサルの現場を見せてあげよう」と言って、ある客先に同行させました。周囲の人は「あんな茶髪・ヒゲの新入社員を同行させて大丈夫か？」と心配したようですが、私はかまわず同席させました。同席させたのは、ネット通販を立ち上げるプロジェクトのミーティングだったのですが、お客も茶髪とヒゲで目つきの悪い彼にさすがに驚いた様子で、打ち合わせ中も、彼にはひと言も話しかけず見向きもしませんでした。

そして、会議も終盤に差しかかったところで、私が彼を指差して、「言い忘れていましたが、彼はＷｅｂデザイナーで、今日は念のために同席してもらいました」と言いました。すると、お客はホッとした雰囲気で、「ああ、デザイナーさんですか。なるほど、なるほど」と彼にも話しかけるようになったのです。

帰りのタクシーの中で私は彼に、「どうだ、お客はキミのことをコンサルタントとしてまったく見ていなかっただろう」と言うと彼は、「話しかけられるどころか、視線さえくれませんでした……」と言います。そこで私は「その外観じゃあ仕事にならんということだよ」と言いました。

翌日、彼はヒゲを剃ってきました。髪の毛も常識的な範囲での茶色になりました。今では彼は、数十人いる同期の中でトップの成績を上げています。

身だしなみが教育の根幹だと、本章の初めに述べましたが、根幹だけにデリケートな問題も含みます。ただ頭ごなしに「叱る」という〝外的要因〟だけではなく、実際の現場を体験させて強烈に気づかせる〝内的要因〟も駆使しながら、指導を行なわなければならないのです。

たとえば、先ほどの茶髪・ヒゲの新入社員はキャリアが明らかに特殊でした。最終学歴は一流大学なのですが、彼は高卒後家出同然に就職して数年間苦労をしたあげく、独学で受験勉強を行なって一流大学に入学、その後新卒採用で船井総研に入社してきたのです。こうした特殊なキャリアの彼に、他の新入社員同様の指導はとるべきでない、というのが私の判断でした。

ちなみに、これは別のケースですが、私が1週間ほど出張した後に出社すると、ある社員がヒゲを生やしていたケースがありました。私が、「何でキミ、ヒゲを生やしたんだ?」と聞くと、「いえ、その方が一目置かれるかと思いまして……」と答えたので、私は「バカ野朗! 今すぐにヒゲを剃ってこい!」とコンビニに髭剃りを買いに行かせて、その場でヒゲを剃らせました。

その後で彼に、「浜辺に2軒のカキ氷屋がありました。片方は普通、片方はヒゲづら、キミならどちらの店でカキ氷を買う?」と聞いたところ、「はい、普通の人から買います」と答えるのです。「それは何でだ?」と聞くと、「やっぱり安心できますから」と答えます。「バカ野郎、自分がされて嫌なことを何で人にするんだ」と私は叱りました。ヒゲを生やすことに対しては賛否両論あるかと思いますが、少なくとも相手によってはヒゲを生やしているということだけで、「不安」を抱く人がいることも事実です。

完全に自分というものが完成していて、自らの演出、あるいは趣味の一貫でヒゲを生やすことを私は否定しません。しかし、半人前で自分自身の給料すら満足に稼げない新人が自己主張をするなど、私から言わせれば１００年早いということなのです。

3 なぜ、ビジネスマナーを徹底させることが仕事での成果につながるのか

「ビジネスマナー」の徹底も「身だしなみ」同様に仕事で成果を出す上で重要なことです。たとえば、上司と部下が一緒にエレベーターに乗るとします。このとき、エレベーターには上司が先に入るべきか、部下が先に入るべきか、どちらだと思いますか？

答えは「部下」です。車や建物など、明らかに安全な対象に入る際には、目上の人が先に入りますが、エレベーターや船など、乗るのに危険があると考えられる対象に入る際には目下の人が先に入るのがビジネスマナーだからです。

つまりエレベーターに乗る際は、まず部下が先にエレベーター内に入って「開く」ボタンを押します。その状態で上司を中に入れ、行き先の階数ボタンを押してエレベーターを動かすのが正しい姿です。しかし実際には、こうした単純なビジネスマナーが実行できていないケースが多々見られます。

なぜなら、一般的に上司は部下よりも行動が早く、よほど部下が意識していない限り、上司が先にエレベーターの中に入ってしまい、ボタンを押すことになります。エレベーターに近づくまでは部下は上司の後ろを歩きますが、エレベーターに近づいたらすかさず上司の前に出て、エレベーター内に先に乗り込んでボタンを押す、という行動は主体性がなければできない行動

です。こうした行動は「気配り」にも通じるところでありますが、上司を前にしてこうした動きをスムーズにとることができれば、その部下は限りなく一人前に近づいていると言えます。

また、部下に主体性が身についているかどうかは、一緒にタクシーに乗ればよくわかります。主体性のない部下は、タクシーに乗り込んでも運転手に行き先を指示しようとしません。行き先は、同行している上司や先輩が言ってくれるものという認識で、完全に受身だからです。

たとえば新人の場合など、試しに私が黙っていると彼もずっと黙ったままです。行き先がわからないわけではありませんが、行き先を告げようとはしません。運転手が困って、「お客さん、どちらですか?」と聞いてきてから、あわてて「えーと……」と行き先を告げるのです。

また、何度も訪問したことがある先だったとしても、主体性のない人は運転手を誘導するという概念がありません。目的地が近づいていても何も言わないのです。やはり、試しに私も何も言わずに黙っていると、目的地を通り過ぎてしまったりします。

そこで私が、「きみ、目的地過ぎたよ」と言うと「あっ!」と気づくわけです。先輩や上司と同行する際、目的地を知らなければしかたがないかもしれませんが、知っていれば運転手に指示を出し、誘導するのは後輩や部下の仕事です。こうした意識を持てるかどうか、が主体性の第一歩と言えます。

もっと言えば、知らない土地で運転手に行き先を告げ、スピーディーに目的地に到着することは、意外にたいへんなことでもあります。なぜなら、目的地の住所を告げても、ほとんどの運転手は場所がわからないからです。ほとんどの運転手が地図を積んでいるわけではなく、無線でセンターに確認してもらうのは時間がかかるし、場所が特定できないケースも多々あります。

ですから、知らない土地ではじめての目的地に行く際は、インターネットを利用するなりして、あらかじめ地図を用意しておくなどの準備が必要です。

さらに、スピーディーに目的地に到着しようと思ったら、まずタクシーを発進させることを考えなければなりません。ところが、タクシーに乗り込んだ際、「ここに行ってもらえますか」と地図を出すと、運転手はそこで地図を確認しようとしますから、車は動きません。

ですから、タクシーに乗り込んだらまず、「とりあえず、国道○号線の方向に走らせてもらえますか！」と、だいたいの方向を示して車を発進させることを考えるべきです。そして、信号待ちか何かで車が停止した際に、「最終的に、ここに行きたいのですが」と地図を見せれば、運転手の動きを妨げることなく目的地にスピーディーに到着することができます。

このように、タクシーに乗るという一見単純なことでも「主体性」、さらには運転手への「気配り」がなければ、目的をスムーズに達成できないことがおわかりいただけたかと思います。言い換えると、主体性や気配りを部下に身につけさせるためには、こうした日々の行動の中で具体的な指導を行なっていけばいいのです。

4 最低限、これだけの「ビジネスマナー」「考え方」を身につけさせよう

このように、部下に主体性を持たせるためには、ビジネスマナーを徹底的に指導することが効果的であることが、おわかりいただけたかと思います。

先に述べたこと以外に、ビジネスで成果を出すという観点で、最低限部下に身につけさせるべきビジネスマナー、あるいは考え方を以下に挙げます。

・上司・先輩からの指示に対しては、常に先手を打って対応する
・上司に対して、「どうすればいいですか?」という聞き方をしない
・メールと電話を適切に使い分ける
・モノを大切に扱う（とくに、会社から支給されたモノ）

たとえば、部下に何か調べものを依頼したとします。この後、依頼した上司の側から、「あの件、どうなった?」と聞かれるのは部下として失格です。上司から、「あの件どうなった?」と聞かれる前に先手を打って、「ご依頼の件ですが、明日の朝までには調査可能ですが、それで大丈夫でしょうか?」と、上司に先手を打つのが主体性というものです。

こうした「相手に動かれる前に先手を打つ」ということは、常日頃から私自身が部下に対して指導していることでもあります。

たとえば部下と同行する際、同行する日が近づいてきても、こちらから連絡をしない限り、向こうからは連絡をしてこない部下もいます。そうした際、私はその部下に電話をかけて「明日は○時の新幹線だから、駅の改札口に○時集合で頼むよ。もっと言うと、こういう確認の電話は、キミからこちらにかけてくるのがマナーだよ」と、必ず釘を刺すようにしています。先輩や上司と同行する際、後輩や部下のほうから確認をとるのが当然のマナーと言えます。

同じことが、ビジネスについても言えます。たとえば、頻繁に客先から携帯電話に連絡が入ってくるような人に限って、仕事ができない人が多いような気します。

なぜなら相手から連絡が入る前に、こちらから連絡をして相手の不安を取り除いておけば、頻繁に連絡が入るようなことはないからです。段取りが悪く、連絡が遅くなったり後手に回ったりした結果、相手が不安になって確認の電話をかけてくるケースが大半のように思います。

ですから私は、新人と同行する際、新人の携帯に電話がかかってきたら必ず、「今の電話は誰から?」と確認を取るようにしています。そして電話の内容を聞き出し、それが本人の段取りの悪さに起因する連絡であったなら、「それは、キミがあらかじめ先方にそれを伝えていれば、かけられなくてすんだ電話だね。電話を取ることが仕事じゃないぞ」と指導するようにしています。先手必勝という言葉がありますが、まさにコミュニケーションも、ビジネスで成果を上げるためには先手必勝なのです。

また社内において、「お客さんからこうした問い合わせが来ているのですが、どうしたらいいでしょうか？」という聞き方をしてくる人がいます。私がこうした聞き方をされた場合、必ず「キミはどうしたらいいと思うの？」と聞き返すようにしています。

「どうしたらいいでしょうか？」というように、〝YES〟あるいは〝NO〟で答えられない質問のことを〝オープンクエスチョン〟と言います。それに対して、「私のほうから資料を郵送で送付しておいてよろしいですか？」というように〝YES〟〝NO〟で答えられる質問のことを〝YES・NOクエスチョン〟と言います。

上司に何か質問をしたり確認をするときには、この〝YES・NOクエスチョン〟で行なうことが基本です。「どうしたらいいでしょうか？」といった質問は、〝指示待ち族〟の典型的な発言と言えるでしょう。

上司としては部下に対して、間違っていてもいいから、自分自身の頭で物事を考える訓練をさせないと、本人の成長はありません。仮に、部下が「どうしたらいいでしょうか？」と聞いてきたら、上司としては先ほど述べた通り、「キミはどう思う？」と相手に考えさせるべきでしょう。間違っていてもいいから、自分の頭で考えさせることが重要なことなのです。

5 徹底させたいメールのマナー

さらに、最近では「報・連・相」の手段として、あるいは客先とのコミュニケーション手段としてメールの存在感が増してきました。それに合わせて、メールの不適切な使用方法も目立つようになってきました。

たとえば、同じフロア内にいる人に対してメールを送り、しかもメールで送ったことを何も告げない人がいます。以前、新人の部下に、ある資料をメールで送るように依頼しました。ずっと待っていても何も声をかけられないので、「さっき頼んだ資料、どうなりました?」と聞くと、「えっ、さっきメールで送りましたけど……」と当然のように返答するのです。私は、「何で、同じフロアにいるのに、〝今、資料をメールで送りました〟って言わないの?」と彼女に聞きました。彼女は「いえ、パソコンを開かれているので、メールもチェックしているかと思いまして……」と答えました。

そこで私は「同じフロアにいて、声もかけずに資料をメールで送って、どう考えてもおかしいだろ!」と、指導しましたが、上司・管理職としてこうしたメールの不適切な取扱いについては、きちんと指導する必要があります。

たとえば私は、ほぼ毎日出張で社外に出ていますが、たまに社内から「片山さん宛に、○○

さんから電話がありました。折り返しご連絡がほしいそうです」というメールが入ったりします。そうした類いのメールを打ってくるのは常に新人なのですが、私はそうしたメールを打ってくる人にはいつも直接電話をかけ、「キミ、僕がコンサルティングで社外に出ていることはわかっているよね。たとえば、まる1日コンサルティングを行なって、このメールを見たのが今日の深夜だったらどうするの？」と聞くようにしています。

するとｔ「いいえ、コンサルティング中に携帯電話にお電話するのはまずいかと思いまして」と言うので、「なら、留守番電話に入れておきなさい」と指導するようにしています。

相手の置かれた状況を何も考えず、安易にメールでポンッとメッセージを発信する行為は、ビジネスで成果を出すための鉄則である「気配り」と対極の行為です。

また、社外に出張していることがわかっていて、何メガもあるような大容量データをメールで送りつけてくる人もいます。社外で通信カードを使ってメールチェックをするとき、3メガバイトを超えていると、一般的な通信カードではダウンロードに何分も要することになります。相手の立場に立って物事を考えられる人なら、安易に大容量のデータを送りつけたりせず、送る前に確認の電話か何かをするはずです。

また、経営者や部長級以上の管理職クラスともなれば、毎日膨大な量のメールが送られてきます。そうしたことを前提に考えれば、処理するのに時間がかかると思われるような質問事項や検討事項をメールで確認するべきではない、と私は思います。

私自身、お客先あるいは上司に対して、返事が不必要な報告事項についてはメールを使いますが、何か判断を仰ぐような内容については、直接会って相談をするか、必ず電話をかけるようにしています。

あくまでも、コミュニケーションの中心は対面コミュニケーションです。どうしてもそれができないときには電話、メールは補助的ツールと考えておいたほうがいいでしょう。

6 モノを大切に扱う人は仕事もできる

さらに、その人のビジネススキルが現われるわかりやすい要素として、モノを大切にできるかどうか、という点が挙げられます。仕事のできる人はモノを大切に扱うし、仕事のできない人、スキルの低い人はモノを粗末に扱います。

とくに、自分が自腹で購入したモノではなく、会社等から支給されたモノの扱い方を見れば、その人のビジネススキルはほぼわかります。

たとえば、船井総研では社員手帳が全社員に支給されます。船井総研の社員手帳はとくにスケジュール管理がしやすいため、大半の社員が社員手帳でスケジュール管理を行なっています。

私の場合は、先述した通りほとんど毎日出張していますから、手帳のスケジュール欄は書き込みでぎっしりの状態です。自分のスケジュールを管理する手帳は大切ですから、当然のことながら傷まないように細心の注意を払って扱っています。

ところが、私の10分の1も予定が入らないような新人なのに、私の手帳よりもずっと傷んでボロボロにしている人がいます。そうした人に私の手帳を見せると、「えっ、こんなに忙しいのに、こんなにきれいに使っているのですか！」と驚かれます。

私からすれば、大切な商売道具を大事に扱うのは当たり前のことなのですが、こうしたところから意識が違うわけです。私は、「モノを大切に扱えない人間は、ビジネスでは絶対に成果を出せないよ。まず、会社から支給された手帳を大事にしなさい」と指導します。

モノを大切に扱える人は、物事に感謝することができる人です。感謝するという気持ちは、「前向き」「プラス発想」というポジティブな要素につながります。

逆に、物事に感謝できない人は「後ろ向き」「マイナス発想」というネガティブな要素につながります。感謝するという気持ちが大切なのは、そういうことなのです。

7 原因があって結果がある、指導は根本的対処を心がけよう

このように、「身だしなみ」「ビジネスマナー」「モノを大切にする」など、一見小さなことですが、こうしたことが、その後の大きな結果につながります。2章でも、「神は細部に宿る」という話をしましたが、要は小さなことこそ大切なのであり、「叱る」論点としても設定がしやすいのです。

ですから、「売上予算が達成できない」「仕事のミスが多い」といったことは「結果」に過ぎず、結果だけを責めたところで何の解決にもならないのです。それよりも、そうした結果を生み出す「原因」に注目して、そこを改善する指導を行なうことこそ、問題への〝根本的対処〟と言えるのです。

こうした「原因」と言える要素は、「身だしなみ」「ビジネスマナー」「モノを大切にする」といったこと以前に、本人の家庭環境やプライベートがうまくいっているかどうか、ということを挙げることができます。

たとえば〝うつ病〟など、精神的に追い詰められた人のケースというのは、仕事だけが原因となるのではなく、本人の親や家庭などのプライベートな面で何らかの問題を抱えているケースというのが大半です。

そういう意味では、仕事とプライベートを切り離して考えることはできません。

ですから私は、とくに妻帯者や子供のいる部下に対しては、常に家庭がうまくいっているかどうかを気にかけています。

私は、部下に何か仕事以外のことで悩みを抱えている様子があれば、状況を聞いたり、必要に応じてアドバイスをするようにしています。

いずれにせよ、「原因」があって「結果」があるということ。そして、「結果」だけを捉えて責めるのではなく、根本的な「原因」に対処するのが上司の仕事なのです。

4章

叱るのにビクビクするのはもうやめよう！辞められない“叱り方”のポイント

1 部下が辞めるのは、上司が悪いのか部下が悪いのか?

部下が辞めるのは、上司が悪いのか部下が悪いのか、どちらが悪いのでしょうか。結論から言うと、部下が辞めるのは上司の責任です。私自身も、厳しく叱ったことが原因で過去何人かの部下に辞められています。これは、100%私の責任であると心から反省しています。

しかしながら、上司としてリーダーシップをとる上で最も大切なことは、部下から**「この人は本気だ」と常に思われること**です。したがって、叱る際にも「万一辞められたら困る」、ましてや「嫌われては困る」と、部下の顔色を見ながら指導するのは逆効果です。

以前、ある経営者の方から、「辞められては困る、と思いながら叱ると辞められてしまうが、辞められてもいい、と腹を括ったとたん社員が辞めなくなった」と言われたことがありますが、これも真実だと思います。

では上司として、どのような心構えで部下の指導にあたるべきなのでしょうか。それは、次の3つです。

・どんなに〝使えない部下〟でも、会社の採用のせいにしない。すべて自分自身の責任として受け入れる

・不本意に部下が会社を辞めるのは、100%上司の責任であると認識する

・どんなに使えない部下でも、その部下の「強み」「長所」を見つけ、そこを伸ばすように心がける
よく、「会社の採用が悪く、使えないやつばかり採るから教育もできない」と嘆く管理職がいますが、これは大きな間違いです。リーダーとして成果を上げるためには、リーダーとしての覚悟、腹の括り方が必要です。腹の括り方とは、仮に自分の責任でないことだったとしても、自分がすべての責任をとるということです。言わば「自責」ということです。

部下が辞めるのも同様です。不本意のうちに部下が会社を辞めてしまったのであれば、それは自分自身の責任であると受け入れなければなりません。そうならないためにも、リーダーとして〝正しい叱り方の技術〟を身につけておく必要がありますが、それ以前にこうした〝覚悟〟が必要ということなのです。

また仮に〝使えない部下〟であったとしても、その部下の強み・長所を見つける努力は必須のことです。なぜ、部下の強み・長所を見つけることが必須なのかと言うと、その人のことをよく知らなければ、強みや長所を見つけることができないからです。

逆に、相手のことを知らなくてもすぐ目につくのは、相手の弱みや短所です。部下の弱みや短所を指摘するのであれば、同時に強みや長所も把握しておかなければなりません。仮に、部下の強み・長所が見えないのであれば、それは管理職としての能力不足と考えなければなりません。

しかし現実問題としては、どうしても職業の適性に合わず、辞めたほうが会社も本人も幸せ、というケースもあります。とくに営業職などの場合、ある程度の耐ストレス性や対人コミュニケーション能力がなければ、職業として続けていくことは厳しいでしょう。

たとえばこれは、私が前職の商社時代の話ですが、当時の私の上司だった部長の紹介で、取引先の子息が中途入社しました。その子息は30歳代半ばで、営業とはまったく異なる仕事についていたのですが、営業職をやりたいということで中途入社してきたのです。

ところが、営業に出て3ヶ月が経つ頃から顔色が悪くなり、客先に本当に行っているのかどうか疑わしい行動が目立つようになってきました。

そして、体調が悪いと3日ほど休んだ後、父親とともに出社してきて結局辞めることになりました。これ以上迷惑をかけられないこと、そしてこのままだと息子が病気になりかねないから退職させてもらいたい、とのことでした。

その後、退職した彼は、やはり私の上司の紹介で、あるメーカーの技術サービス職に就きました。営業としては振るいませんでしたが、技術サービスマンとしての彼は、水を得た魚のごとく活躍するようになり、上司からもお客からも評価されて今は生き生きと働いています。

このように、職種が変わったとたん、うって変わって戦力になるケースが多々あります。もちろん部下が現在の職種に向く・向かないという判断は、決して自分一人だけでは行なわず、上司と相談した上で、会社としての判断を下さなければなりません。

2 部下が会社を辞める理由は何か？

前項で述べたような前提条件を押さえた上で、まず管理職として知っておくべきことは、どういった理由で部下が辞めてしまうのか、つまり部下が辞めるメカニズムです。

ではなぜ、部下が会社を辞めてしまうのか？　多くの場合、部下が会社を辞めるのは、何らかの理由で、「先の見通しが立たない」という状態に追い込まれたときです。人間は、「先の見通しが立たない」状態に追い込まれると〝不安〟になり、著しくモチベーションを落とします。人が「先の見通しが立たない」という状態に至るには、さまざまな理由が考えられます。一般的に考えられる理由としては、

・給料が安くて生活していけない
・営業ノルマが厳しすぎる
・残業が多すぎて体が持たない

といったことを挙げることができます。これらは、会社の政策、賃金、作業条件といった要因なので、管理職一人ではどうにもならない部分もあります。しかし、「先の見通しが立たない」状態に至るのは、こうした理由だけではありません。他にも、

・どれだけ努力しても評価されず、認められない

・上司・先輩が、きちんと指導をしてくれない
・自分の上司・先輩のようにはなりたくない

といった要素があります。これらの要素は会社の政策と言うよりも、その職場の管理職や先輩がつくりだす環境と言えます。

いくら給料を高くしたところで、それだけで人間はモチベーションを上げられません。また、いくら会社が福利厚生を充実させても、それだけで満足を得ることはできないのです。

本人に仕事上での満足感をもたらすためには、職場のリーダーの役割が非常に大きいものになってきます。

3 なぜか、部下が辞めてしまうリーダーの共通パターン

逆に、なぜか部下が辞めてしまうリーダーには、3つの共通パターンがあります。それは、

①答えを出さずに叱る
②相手を認めずに叱る
③相手を追い詰めて叱る

という特徴です。

たとえば、私の関係先にこのようなマネージャーがいました。彼は仕事熱心で情熱的であり、会議でも自分の意見を積極的に発言するような、一見模範的なマネージャーです。彼は営業所の所長でしたが、そうした模範的な外見とは裏腹に営業所の業績は上がらず、なぜか部下も次々に辞めていってしまうのです。

原因を調べてみると、その所長は熱心な指導を部下に行なう反面、具体的に何をすればいいのか、といったことにまったく答えを出さないのです。

彼の指導は情熱的で、1対1の指導が数時間に及ぶこともざらです。指導の内容は、「もっとお客さんが喜ぶような提案をしないと」、「とにかく、もっと情熱を持って仕事にあたらないと」といった抽象的な内容ばかりで、そこに「答え」はありません。

具体的に、「お客さんが喜ぶ提案」とは何か？　「情熱を持って仕事にあたる」というのがどういった行動なのか？　部下の立場からしてみれば、それがわからないのです。

また、この営業所の大口顧客が海外移転してしまい、その穴を新規開拓で埋めようとしたのですが、それがなかなか思うように進まないことも、所長へのプレシャーとなっていたようです。

これは、私自身の部下指導の経験からも言えることですが、〝やる気がない〟ことが理由で成果を出すことができない、という部下はきわめて少数派です。そうではなく、大半の部下はやる気もあるし、本人なりに上司や会社の役に立ちたいと思っています。

では、なぜそれができないのかと言うと、ひと言で言えば〝能力不足〟であり、具体的に何をすればいいのかがわからないのです。何をすればいいのかわからない人に、「もっと自分でよく考えてみろ！」と言ったところで、それは無理な話です。「自分で考えろ」と言う前に、〝朝9時半には外に出て、午前中2件、午後4件回れ〟、あるいは〝朝一のお客と午後一のお客は必ずアポを取れ〟といったこと、さらには具体的にどのお客を回るのか、スケジューリングを部下と一緒に行なうべきでしょう。

また、叱るにしても相手を認めた上で叱るのが大前提です。1章でも述べましたが、相手を認めることで「承認欲求」を満たさなければ、自発的に考えて行動するという「自我欲求」のレベルには上がりません。相手の「承認欲求」を満たすためには、〝相手の存在を無視するような叱り方〟をしてはいけません。

相手の存在を無視するような叱り方というのは、単純に「ノルマを達成しなければならない」といったことを盾に取って叱るといったことです。部下から、「この人は部下のことよりも、自分の実績のほうが大事なんだ」と思われるような叱り方というのは、つまり相手の存在を無視するような叱り方です。

そうではなく、いかに部下本人が評価されるように指導するか、本人の成長につながるように指導するか、そしてそのことが相手にきちんと伝わっていなければ、「承認欲求」が満たされることはないでしょう。

また、叱る際にも相手を追い詰めないことが大切です。「窮鼠猫を噛む」ということわざがあります。〝追い詰められたネズミはネコをも噛む〟という意味ですが、叱る目的は相手を追い詰めて白黒ハッキリさせることではありません。あくまでも本人の成長を願い、本人を守り会社を守ることが叱る目的ですから、逃げ場がないほど追い詰める必要はありません。

先ほどの所長のケースで言えば、逃げ場がないほどに部下を追い詰めたことが原因で、部下は辞めてしまったわけです。

この所長はその後、社長の目が行き届く本社営業部に配属を変えてマネージャーをしています。営業所での一連の話は、本人にとっても自分自身を変えていこうと決断するきっかけとなったようです。

4 これはNG！　叱る際にやってはならないこと

なぜか部下が辞めてしまうリーダーの共通パターンについて述べましたが、ここで部下を叱る際にやってはならないことを挙げたいと思います。

①精神的に追い詰める
②本人の存在を否定する叱り方をする
③人事や退職を引き合いに出して叱る
④本人の家族や私生活など、仕事とは直接関係がないことを叱る
⑤個人的な感情や好き嫌いで叱る

ここに挙げた項目は、部下を追い詰めて退職に至らせるだけでなく、パワハラや名誉毀損で訴えられる可能性がある内容です。部下を叱るリスクというのはいろいろありますが、部下に辞められるリスクに加えて、会社が法的に訴えられるリスクもあります。

部下を叱るという行為は個人的なことではなく、会社の上司としての業務上の行為です。業務上の行為である以上、こうしたリスクは避けなければなりません。

まず、部下を叱るという行為は、やりすぎると部下を精神的に追い詰めることになります。どのような原因にせよ、本人が精神的に追い詰められて体に変調をきたしているような兆候

が見られた時点で、「叱る」という指導方法は控えたほうが賢明でしょう。

先ほどのマネージャーのように、「相手を認めずに叱る」、「相手を追い詰めて叱る」というのは、直接的に追い詰める叱り方です。

それに対して、「答えを出さずに叱る」というのは一見ソフトな叱り方ですが、しかし精神的には追い詰めていく叱り方です。いわば、真綿で首を絞めるような叱り方であることに加えて、無責任な叱り方です。

また、相手の存在を否定する叱り方は、1章で述べた人間の「承認欲求」を打ち砕くことにつながりますから、叱るという行為そのものがまったくの逆効果となります。相手の存在を否定する叱り方とは、たとえば「だから、お前は何をやってもダメなんだ」、「キミはこの会社にいる価値はない」、「会社にいてもらっては困る」といった発言を挙げることができます。

叱ることの理由は、「本人の成長を促す」、「本人を守る」、「会社・組織を守る」ということのはずです。本人の成長を促すためには、相手の「承認欲求」を満たすように叱らなければなりません。

「承認欲求」を満たす叱り方とは、叱りながらも「私はキミのことを必要としている」ということが、最終的に相手に伝わるような叱り方です。

たとえば、「キミには、うちの部を引っ張っていってもらわないと困るのだからな」、「この春からは、キミにも後輩ができるんだからな」といったひと言があるのとないのとでは、叱ることのプラス面の効果が大きく変わってくるのです。

同じ意味で、「そんなことなら辞めてもらうぞ」、あるいは「降格させるぞ」、「評価を下げるぞ」と人事権をちらつかせて叱るのも、相手の「承認欲求」を打ち砕くことにつながります。それ以前に、人事権をちらつかせて叱るというのは、こちらの人間性を疑われる叱り方であり、絶対にやってはならない叱り方と言えるでしょう。

また、本人の家庭や私生活など、プライベートな事柄を叱るのもダメです。あくまで、叱る対象は部下本人です。部下の家族ではありません。法的に言えば、名誉毀損で訴えられる可能性があるし、本人を叱る以上に本人を傷つけることになります。

さらに、私生活やプライベートな事柄など、業務外の行動を叱っても本人の納得性を得られない可能性が高く、原則として叱る際の材料とするべきではありません。

ただし、本人の習い事や趣味などが、明らかに業務の支障となっている場合、たとえば土曜日の稼動が前提の職場で、「土曜日はサークルをやっていますので」と休まれたのでは困ります。あるいは、平日の夕方に趣味の習い事をされると、業務の差し障りになる可能性があります。このような場合は、上司としてきっちりと部下と話し合い、双方が納得するように落とし込まなければなりません。

5 上司は部下の家庭環境やプライベートまで把握しておくのが鉄則

先ほど、部下の家庭やプライベートな事柄で叱るのはしてはならないと述べましたが、上司としては把握だけはしておく必要があります。たとえば最近では、職場の問題として〝うつ病〟が取りざたされますが、私の経験で言えば、仕事のことだけが原因でうつ病になる人は少数派です。うつ病になる人の大多数が、仕事での問題に加えて家庭・プライベートでも何らかの問題を抱えています。

本人の家庭・プライベートに関わる問題というのは、本人でなければ解決できないことが多いし、上司とはいえ、他人にはどうすることもできない面が少なくありません。しかし、部下本人の置かれた環境は把握しておかないと適切な指導は行なえないし、それを知らなければ、叱ることで本人をさらに追い込むことにもなりかねません。本人が、単にやる気がなく手を抜いているだけなのか、仕事に集中できない重大な理由があるのかは知っておく必要があるということです。

たとえば私の顧問先のある会社は、新卒者が内定すると必ず社長と総務部長が〝家庭訪問〟を行ないます。その会社は、地域密着型の商社で従業員が約１００人前後、同業他社が中途経験者を採用の基本としているのに対して、同社は新卒採用を基本として好業績を維持しています。

その家庭訪問の目的は、会社として大切なご子息・娘さんをお預かりするにあたり、「きちんとした会社ですから安心してください」というご挨拶とともに、本人の家庭の状況をある程度把握することを目的としています。本人が大学を卒業して就職するくらいの年齢になると、両親の健康に関わることや祖父母の健康に関わることが問題になるケースが増えてきます。

また、両親がどのような働き方をしていたかによって、本人の働き方に対する価値観も違います。たとえば、実家が何らかの商売をやっていて、忙しくて夕食も家族全員でとることがほとんどない家庭で育った人と、決まった時間には両親が家に揃っていて家族全員で夕食をとることが当たり前の人とでは、当然のことながら価値観が違います。

部下指導というのはある種、こちらの価値観を理解・納得させて価値観のレンジを合わせていくことですが、そのためにも、相手の価値観を理解した上で価値観のレンジを合わせていくことが必要です。

また当然のことながら、本人が結婚しているのであれば、子供はいるのかいないのか、子供がいるのであれば何歳なのか、結婚していないのであれば付き合っている人がいるのかいないのか、というレベルのことは、上司としては把握しておくべきでしょう。

私の考え方として、少なくとも家庭やプライベートがうまくいっていない人で仕事がうまくいくケースというのはきわめて稀だと思います。やはり、プライベートがうまくいくから仕事もうまくいくのだと思います。

　一方、部下が私より早く帰宅しようとする場合、部下が新人の場合は必ず、「何か用事があるの？」と聞きます。そこで、「ちょっと彼女と約束が……」ということであれば、「お疲れさま」と言うし、「いえ、とくに用事はありませんが……」「ちょっと洗濯物がたまっていまして……」といった内容であれば、「キミは暇なのか！　仕事があるだろう！」と指導します。

　プライベートの重要なことであればともかく、どうでもいいことで、何となく早く帰宅されても困るからです。

6 リーダーは、見えないものが見えなければならない

しかし、仕事という業務上の接点しかなく、また仕事とプライベートとを分けたがる若い人が増える中で、どのようにして部下のプライベートまで把握すればいいのか、と思われる方がいるかもしれません。

しかし、プロの管理職というものは、部下の示すわずかな兆候の中から、その背後にあるものを察知する能力が求められるのです。

私の関係先の社長で、自らも商社を経営しながら大学院で組織マネジメントを学んで修士号を取得された方がいます。その社長の会社は生産性が高く、業界内では人が育つことで有名な会社なのですが、その社長はいつも、「リーダーは、人が見えないモノが見えなければならない」と口癖のように言っています。

つまり、部下のほんのわずかな変化を見落とさず、何かあったのか、何かうまくいかないことがあるのか、何か悩みでも抱えているのか、という直感がリーダーにとって非常に大切、ということです。

こうした直感は部下へのマネジメントだけでなく、さまざまな仕事の場面でも求められることです。たとえば営業の場合は、昔から〝ＫＫＤが大切〟と言われます。ＫＫＤとは、「カン」「経

験」「度胸」ということです。ここでのポイントは、ＫＫＤが「経験」「カン」「度胸」なのではなく、「カン」「経験」「度胸」という順番になっているということです。つまり、いくら経験だけ積んでも、それに伴うカンが養われなければダメということなのです。

同様のことは、営業だけでなくすべての仕事について言えることです。たとえば松下幸之助氏はその著書の中で、「本当の生産ライン管理職というものは、生産された製品をひと目見ただけで、良品か不良品かの判別ができなければならない」と言っています。

このように書くと、普通の人からは「そんな、検査や試験もしていないのに、見ただけで良品か不良品かなどわかるわけがない」と言われるかもしれません。もちろん、超能力者ではないので、本当に見ただけでわかるかどうかは別問題です。

そうではなく、松下氏が言いたいことは「何か、おかしいんじゃないか？」、「何か、いつもと違うぞ」という〝直感〟が持てるようになれ、ということです。

つまり、営業でもモノづくりでも〝直感〟が持てるレベル、すなわち〝見えないモノが見える〟レベルにならなければ、本当の意味でプロではないのです。これが管理職になれば、業務面だけでなく、部下に対して〝直感〟が働くようにならなければならないということなのです。

たとえば、日本語には「音をきく」という意味で「聞く」「聴く」という2つの言葉があります。ここで言う「聞く」は、表面的なメッセージを捉えることを指します。たとえば、駅で流れるアナウンスを「聞く」、といった具合です。

それに対して、「聴く」というのは表面的なメッセージだけでなく、その背後にある意味を捉えることを指します。医者が、聴診器で体内の音をきくというときには、「聞く」ではなく「聴く」という言葉を使います。体内の音を聴いて、それが何を意味するのか仮説を立てることが目的ですから、「聞く」ではなく「聴く」なのです。

また、「部下の話に耳を傾ける」という言葉がありますが、ここで〝傾ける〟というのは〝傾聴〟という言葉からきています。つまり、部下の話をきくときには、「聞く」のではなく「聴く」でなければならないのです。

同様に、「モノをみる」という意味では「見る」「観る」と2つの言葉があります。「見る」は、先ほどの「聞く」にあたり、モノを見て表面的な意味を捉えることを目的とした言葉です。それに対して「観る」は、表面的なことの背景にある意味を捉えることを目的としています。たとえば、「易者が手相をみる」というときには、「見る」ではなく「観る」という言葉を使います。

つまり、「聞く」ではなく「聴く」、「見る」ではなく「観る」ということが大切なのであり、これが〝カン〟〝直感〟と言われるものなのです。

たとえば、私自身がプレイングマネージャーとして、部下をマネジメントする立場にありますが、私自身が数十社の顧問先を持っていて全国をほぼ毎日出張しているため、出社できるのは月に2回の会議の日くらいです。では、どのようにしてマネジメントしているのかと言えば、そのひとつの方法が「電話」です。

今はメール全盛期だし、コンサルタントといえば、メールやIT機器をフル活用しているイメージがあるかもしれませんが、私はメールよりも電話を活用しています。単純な〝指示〟はメールで行なうこともありますが、〝指導〟はメールではなく電話で行なっています。

電話であれば、指導に対して本当に理解・納得したのか、あるいは本人がどのような状態なのかがわかります。たとえば、電話で部下と話をしたときに、声の感じから何となく元気がないような気がするのであれば、なぜ部下の元気がないのかということを推察しなければなりません。

たとえば、元気がない原因が「客先への報告会が迫っていて忙しい」、「セミナーの準備で忙しい」といったように原因そのものが明確であり、かつ業務上やむを得ないことであれば、部下のモチベーションを上げる発言が必要でしょう。

このようなときには、「報告会が終わったら焼肉でも食べにいくか」とか、「このペースでいけば来年は昇進だな」など、〝時間軸〟を伸ばした前向きな発言が有効です。

ところが、部下の元気がない原因がよくわからない場合は、「キミ、何か体調でも悪いのか?」と、何が原因で元気がないのかを探らなければなりません。そこで、「実は、徹夜が2日ほど続いていまして……」という答えであれば、どのような業務を抱えていて徹夜になったのか、どのように対策を打てばいいのかを指導する必要があります。

とくに新人の場合、仕事の優先順位のつけ方がわからず、雑用などの仕事が集中することがありますから、上司の適切な指導が必要になります。上司がこうした把握をできなければ、最悪の場合、その新人をつぶしてしまうことにもなりかねません。

また、久しぶりに部下と会い、何だか元気がなかったとします。そこで元気がない理由が、たとえば受注が思うように取れずに悩んでいることが原因と推察されるのであれば、「最近、受注の調子はどうだ？」と、現状を聞き出す必要があります。

そこで「いえ、実は思うように受注ができなくて焦っています……」という答えであれば、「いや、俺も最初は全然ダメだったよ」と、自らの苦労話をするといいでしょう。

部下からすると、「えっ、片山さんでもそんな時期があったのですか？」と、ある種の自信を持つことにつながります。〝あの先輩でも苦労した時期があったんだ〟という話を後輩・部下に対して行なうことは、本人に自信を持たせる上で効果的だからです。

このように、管理職は常に部下の置かれている状況を把握するように努め、見えないモノを「観る」、聞こえないモノを「聴く」という努力を常に行なわなければならないのです。

7 叱った後のフォローのポイント

また、「部下を追い詰めない」という観点で言えば、叱った後のフォローも非常に重要です。1章で偉大なリーダーと言われている人も、叱った後のフォローがうまかったと述べましたが、叱った後のフォローも〝叱る技術〟の重要な要素です。

ただし、叱った後のフォローで絶対にやってはならないことがあります。それは、叱った後で「あのときは言いすぎたね」と謝ったり、あるいは「もしかして、怒ったことまだ気にしている？」などと、部下の顔色をうかがうような言動をとることです。

つまり、自分が叱ったことを打ち消すような言動や発言は絶対にしてはなりません。こうした言動や発言は、部下の立場からすると、「では、あのときに叱られたのは何だったんだ」と、上司そのものへの不信感につながります。不信感がさらに助長されると、〝ナメられる〟という状態に至ります。

上司なり管理職がリーダーシップをとる上での前提条件は、部下からの尊敬です。部下からの尊敬なしに、どれだけ厳しく叱ったところでそれは無意味です。尊敬の反対が不信感であり、不信感が表面に表われた状態が〝ナメる〟という状態です。

ですから、上司として部下を叱った以上、叱ったことに対して非を認めないのが叱る上での原則です。言い換えると、後で非を認めなければならないような叱り方をしてはならない、ということです。

具体的には本章の4項で述べたような、〝してはならない〟叱り方などは、後で非を認めなければならないような叱り方と言えるでしょう。

あるいは、手を出すといった暴力的行為なども〝してはならない〟叱り方以前に、法的な責任を問われる言語道断な話です。

いずれにしても、部下を叱る以上、部下の顔色をうかがったり、あるいは非を認めるということをしてはならないのです。

では、叱った後のフォローとしては、どのようなやり方がベストなのでしょうか。

私の場合は、こっぴどく部下を叱った後は必ず電話をかけるようにしています。電話をかけて、しばらくは説教の続きをします。部下から「言いすぎたと思ってフォローの電話をかけてきたのか」と思われては逆効果だからです。

その上で、なぜ私が手ひどく叱ったのか、なぜ叱られなければならなかったのかを改めて説明します。そして、必ず最後には「期待している」旨を伝えて電話を切るようにしています。

また、叱った後の接し方のポイントは、叱ったときのことを感じさせないようなレベルで、ごく普通に振る舞うことです。

つまり、部下が叱られたことによって、ずっと後まで尾を引くと思われてしまっては、のびのびと仕事をすることができないからです。人間は萎縮してしまうと本来の能力を発揮することができません。指導方法のひとつとして、叱ることはやむを得ないことですが、ずっと後まで尾を引くというのはNGです。

いずれにしても、叱った後のフォローのポイントは2つです。

①叱ったことに対して、非を認めたり謝ったりしないこと

②期待しているから叱ったことを理解させること

にあると言えます。

8 部下に期待すると部下は成長する

相手のことを期待すると相手が成長する現象のことは、心理学の世界でも「ピグマリオン効果」として広く知られています。

たとえば心理学の実験で、学生のグループを2つに分け、それぞれに教師をつけます。片方のグループの教師は、「このグループは優秀な生徒を集めましたから、先生は期待しています」と言ってテストを実施します。もう片方のグループの教師は逆に、「このグループのみなさんには難しいテストかもしれません」と言ってからテストを実施します。

本当はどちらのグループも学力は変わらないのですが、こうした前置きがあると常に前者のテスト結果がよくなります。これがピグマリオン効果であり、いわゆる「ほめて育てる」ということの理論的根拠でもあります。こうした意味でも、叱った後にきちんと「期待していること」を伝えるということは、本人の成長を願う上でも重要なことなのです。

では、どのような伝え方がベストなのでしょうか。たとえば、下記のような言い方がいいでしょう。

①キミしか頼れる奴はいないからな。よろしく頼むよ

②○○君にできて、キミができないということはないだろう。よろしく頼むよ

③まあ、まだ半年だからいいけど、1年たって同じじゃあまずいぞ。よろしく頼むよ
④いずれにしても、やってもらわないと困るからな。よろしく頼むよ
⑤フォローはいくらでもするから。何かあったら相談してくれよ

上記のうち、①は自分にとって右腕的なポジションの部下に対して使うといいでしょう。②③は、新人の部下に対する言い方ですが、②については注意が必要です。「○○君ができて、キミにできないということはないだろう」の○○君が、叱った後フォローする対象の部下と同じかそれ以下のレベルだと、本人が認識していないと逆効果になります。③は入社1年以内の新人が対象となります。

④⑤は、右腕的な部下と新人の間のポジションの部下に対する言葉です。とくに⑤については、「フォローはいくらでもするから」ということで、〝応援する〟というスタンスを明確にしています。〝応援する〟というスタンスを明確にするのは、直接的に「キミに期待しているよ」という以上に相手の共感を得ることができます。

これら5つの伝え方に共通しているポイントは、

・叱ったことに対して非を認めることなく
・自然に（わざとらしくなく）、期待していることを伝える

という点にあります。

繰り返しになりますが、叱った後で「あのときは言いすぎた」といった、叱ったことに対し

て非を認めるような言葉は絶対にNGです。また、「期待している」ということが相手からして〝わざとらしく〟取られてしまっては、叱った後のフォローにはなりません。

そうした意味で、こうした言い方であれば「期待している」ということを直接的に伝えなくても、相手に対して「期待している」ということが伝わります。だから不自然ではないのです。

また、上司として新しい部下を迎える場合、前の職場や部署での評価を鵜呑みにすることは避けなければなりません。私自身、前の部署では成果が上がらなかった社員、あるいは問題児扱いされている社員を迎えたことが多々あります。

たとえば、前のチームにいたときの評価が、17時になるとすぐに帰ってしまい、まったくやる気がないという評価だった中途社員が、私のチームに来てからは人が変わったように終電まで働くようになりました。前のチームでは、リーダーが彼のキャリアプランについて明確な方針を示していなかったことがその原因なのですが、このように環境が変わることで、その人自身が大きく変わるというのはよくあることなのです。

前にも書きましたが、人間の行動パターンはその人が置かれた環境によって決まります。前の部署での上司のリーダーシップに問題があれば、その部下は必ずしも真価を発揮することはできません。

逆に、問題児扱いされているような部下ほど、見方を変えれば主体的ということです。つまり、上司であるあなたのリーダーシップが適切であれば、彼は見違えるような働きをするようになるのです。

このように、リーダーは部下を評価する際、他人の評価ではなく自分自身の眼で見て自分自身の頭で評価を行なわなければなりません。

そして、部下の置かれた状態を理解し、本人の長所を見出した上で「期待」して叱る分には、部下に辞められることはないのです。

5章

無気力、うつ、ゆとり世代、年上……こんな“難しい相手”にはこう叱ろう

1 リーダーとして、〝難しい相手〟〝問題社員〟とどう接するべきか

リーダーとして部下を持つ立場になれば、さまざまなタイプの人を指導していく必要が生じます。その中には、いわゆる〝難しい相手〟や〝問題社員〟も含まれます。

たとえば〝難しい相手〟の代表格は、「自分よりも年上の部下」、あるいは「自分より先輩（職齢が長い）の部下」ではないでしょうか。

普通、部下というのは自分よりも年下で、仮に年上であったとしても、その部下が中途入社か何かで、職齢は自分よりも浅いケースというのが大半だと思います。

ところが、近年の成果主義の影響も相まって、自分よりも年上の部下や自分よりも先輩（職齢が長い）の部下ができるケースが増えています。

誰しも、自分よりも年上の部下、あるいは自分より先輩の部下というのは扱いづらいものです。日本の文化的土壌は、長い間「年功序列」がベースであり、いわゆる「成果主義」や「実力主義」が叫ばれるようになったのは、ここ20年ほどの話です。

たとえば国家公務員一種、いわゆるキャリアと言われる人たちの場合は、同期の誰かがキャリアのトップである事務次官になると、それ以外の同期は全員が退官することがルールとなっています。

なぜ、事務次官になった人以外の同期が全員退官するルールなのかはわかりませんが、自分よりも先輩が自分の部下になることで、遠慮や過去のしがらみから正しい判断ができなくなることを防ぐ狙いがあるのではないかと思います。

このように、誰しも自分よりも年上の部下や先輩の部下は扱いづらいものであり、その扱いづらさの理由は、過去のしがらみからくる〝遠慮〟によるものです。

遠慮と言えば「女性社員」、あるいは「パート・アルバイト」、「派遣社員」の場合も同じことが言えます。たとえば、年下の男性の部下であれば厳しいことが言えても、同じことが女性の部下に対して言えるかと言えば、誰しも躊躇することでしょう。やはり、それは〝遠慮〟によるものです。

また、「パート・アルバイト」や「派遣社員」の場合は、正社員に対して限られた業務を相対的に低いコストで処理してもらうことが主旨です。キャリアパスも異なるため、たとえば正社員対象の研修にパート・アルバイト、あるいは派遣社員が参加することはありません。

このように雇用形態が違いますから、正社員と違って厳しいことを言うと辞められてしまうのではないか、という遠慮がやはり生じてしまいます。

このように、「年上の部下」「先輩の部下」「女性社員」「パート・アルバイト」「派遣社員」は指導する上でも、「叱る」ということについて〝難しい相手〟と言えます。そして〝難しさ〟の理由は、自らの「遠慮」からくるものです。

さらに、こうした〝難しい相手〟に対して、〝問題のある相手〟というものも存在します。たとえば、「無気力な社員」や「反発する社員」、さらに「うつ病の社員」等を挙げることができます。

先ほど述べた、指導する上で〝難しい相手〟の場合は、その原因がこちら側の「遠慮」にあるのに対して、こうした〝問題社員〟の場合は、問題の原因が〝こちら側〟ではなく〝相手側〟に存在します。

したがって、自らの問題だけでなく相手側の問題も解決する必要があることから、先に述べた〝難しい相手〟よりも、さらに難しい対応が必要になるのです。

とくに「うつ病の社員」の場合、こちら側の指導方法を間違えると病状を悪化させ、より深刻な状況に追い込んでしまう可能性があります。今の時代、うつ病社員への対応の知識は、管理職・リーダーにとって必須と言えるでしょう。

このように、指導を行なう上で〝難しい相手〟、〝問題のある相手〟が存在しますが、実際にこうした部下は増えています。まず、バブル後から続く慢性的な不況から、企業としては従来の「年功序列主義」から「成果主義」・「実力主義」を中心にせざるを得ない状況に追い込まれています。

その結果、これからはますます年上の部下や先輩の部下が増えていくことになるでしょう。

また同様の理由から、企業は従来の正社員中心からパート・バイト、さらには派遣社員・契約社員という雇用の多様化を選択しています。さらに近年では、女性の社会進出が目ざましく、法人の営業職など、従来であれば男性しかいなかった職場にも、女性社員が増えてきています。

つまりリーダーとして、こうした〝難しい相手〟に対する指導方法や叱り方のポイントを押さえておく必要があるということです。

さらに、こうした厳しい社会背景から「無気力な社員」、「反発する社員」、さらに「うつ病の社員」等の〝問題社員〟も増えています。リーダーとしては、こうした〝問題社員〟を放置するのではなく、正面から受け止めて解決していくことが求められます。リーダーは、絶対に問題から逃げてはならないのです。

本章では、こうした〝難しい相手〟や〝問題社員〟に対する対処法と指導方法、叱り方について述べていきたいと思います。

また、近年よく話題となっている〝ゆとり世代の新入社員〟についても、同様に述べていきたいと思います。

2 年上の部下に対する叱り方の基本

まず、年上の部下に対する叱り方の基本を以下に挙げます。

①相手の立場を尊重する
②時間をかけて議論する
③よい意味で遠慮をしない

まず、①の「相手の立場を尊重する」ということです。日本では、昔から〝長幼の序〟という言葉の通り、年下の者が目上の者を敬うというのが常識です。つまり、先輩を立てるというのが、間違いなく日本の美学なのです。

ただし、能力と年齢・職齢は必ずしも比例関係にありません。すなわち、年齢が高いから仕事ができる、先輩だから仕事ができるというわけではないのが現実の世界です。

だからと言って、すべてを「実力主義」の名のもとに、年上の人や先輩を無碍に扱っていたのでは組織の秩序が崩壊します。組織にはリーダーと規律が必要です。リーダーとして、部下から反発を受けずに規律を通すためには、すべてを誰もが納得する「正論」で通していかなければなりません。その前提として、後輩が先輩を立てるのが正論であり、そうした構造が壊れると規律が成り立たなくなり、組織は崩壊に向かいかねません。

事実、コンサルティングをやっていてよく感じるのは、ベテラン管理職を外して若手をリーダーに抜擢する場合、よほど慎重に行なわなければならない、ということです。

たとえば二代目・三代目経営者ともなると、先代社長の時代に管理職になったベテランは扱いづらいものです。なかには、露骨に社長に反発してくるようなベテラン管理職もいます。

では、そうしたベテラン管理職を外して若手を抜擢して組織がうまく回るかというと、まずうまくいくことはありません。ベテラン管理職はベテランだけあって、一見何もやっていないように見えても、実は見えない部分で人脈を持っていたり、組織の〝重し〟として場の空気をつくっていることも多いのです。

こうしたことを前提とすれば、やむを得ず年上の部下を叱らなければならない場面になったら、別室で2人きりで話すなど、本人の立場を考慮する必要があります。

また、早急に結論を出そうとするのではなく、相手の話に耳を傾け、時間をかけて議論を重ねる必要があります。やはり、現場でコンサルティングをやっていて感じるのは、先ほど言った〝長幼の序〟など、いわゆる昔から言われていることは、多くの場合正しいということです。

また、〝極端〟はうまくいかないし長続きしない、〝中庸〟〝常識〟がきわめて重要ということをよく感じさせられます。

とはいえ、③の「よい意味で遠慮をしない」ということも必要です。

つまり、長幼の序で年上の人・先輩を立てるのが前提ではありますが、言うべきときには、遠慮せずはっきりと言わなければダメなのです。

では、年上・先輩の部下を叱るときにはどのようにすべきなのでしょうか。

たとえば私のケースで言えば、全員が1ヶ月のスケジュールを記入する行動管理表に、何回言っても記入しない年上の部下がいました。そこで、私は彼を別室に呼び、「何で記入してもらえないのですか?」と質問しました。

彼は「忘れていました」と言います。私は、「そうですか、仮にあなたが若手メンバーだったとしますよね。ベテランの上の人が予定表に記入をせず、自分らばかりが予定表に記入しろ！と叱られたとしたらどんな気分になりますか?」と聞くと、「それは納得いかないですよね」と言いました。

そこで私は、「でも、今まさにそうなっていますよね。ですから、下に示しがつかないから、改善していただくことは可能ですか?」とたずねると、彼は「わかりました」と答えました。

これが、私より年下で後輩の部下が相手であれば、「何回言ったらわかるんだ！　さっさと記入せんかい！」と怒鳴りつければすむ話です。しかし、相手が年上でベテランの部下だとそうはいきません。時間をかけて説得し、かつ相手を立てる必要があります。

しかし、それも相手が筋道をたがえれば別です。先ほどの会話で、彼は「わかりました」と言いました。ここがポイントです。「わかりました」と言った上で、相手がそれを行なわないとなれば、その次は徹底的に叱責するべきです。

「先月、あなた〝わかりました〟と言いましたよね。全然わかっていないじゃないですか。何で〝わかりました〟と自分で言ったことをやらないのですか？」と前回とは態度を変える必要があります。

現実問題として、リーダー・管理職は下からナメられたら終わりです。

彼は、前回の話し合いで「わかりました」と言ったわけです。「わかりました」と言ってやらない、これは上司としてはっきりとケリをつけなければならない問題です。

しかも、スケジュール表への記入は営業数字の達成等とは異なり、自分自身だけの問題です。営業数字について、「やります」と言ってできない部下を責めるのはよくありません。しかし、どう考えてもできるはずのことをやらないというのは、単に筋道を外しているわけですから、上司としては絶対にカタをつけなくてはならないところです。

相手から「わかりました」、「やります」という言質をとり、そのうえで相手が怠慢でやらなかった場合、本人と徹底的に議論を行なう必要があるのです。

また、組織の秩序を乱すような行動をとった場合も、断固として厳しく叱る必要があります。

たとえば以前、このようなことがありました。

あるプロジェクトのリーダーを部下に任せたのですが、そのリーダーよりも年上のAさんを、メンバーとしてプロジェクトに入れました。Aさんは比較的年齢が高いこともあって、何とも指導しづらい雰囲気をかもしだしています。

そのAさんが、プロジェクトのミーティングが終わった後で「見えないな、まったく見えないな……」と、年下の他のメンバーにブツブツつぶやいているのです。

そこで私が、「見えない見えないって、何が見えないのですか？」とたずねるとAさんは、「いえ、このプロジェクトの方向性が見えないんですよ。リーダーにはきちんと方向性を出してもらわないと……」と言うのです。

再び私が、「そうですか、じゃあAさんは、方向性が見えているんですか？」とたずねると、Aさんは「いえ、見えていません」と答えるのです。

そこで私は、語気を強めて「それはおかしいでしょう。自分で方向性を考えようともせず、リーダーにおんぶに抱っこですか？」と言うと、Aさんは「だって、リーダーですからねえ」と答えました。

ここで私は、机を叩いて「組織の秩序を乱すのもいい加減にしてください！リーダーの批判ですか！」「いえ、そんなつもりは……」「批判じゃあないですか！じゃあ、今すぐここで、あなたが方向性を出してください！」「……すみません」

先ほども述べましたが、リーダー・管理職は、下からナメられたら終わりなのです。

3 相手を追い込まないためには「攻略目標」と「攻撃目標」を分けよう

とは言え、管理職として叱る目的は波風を立てることではありません。あくまでも、組織全体の目標達成の手段として叱るわけです。新入社員が相手であれば、厳しく叱りつけても関係性が決裂することは少ないでしょう。しかし、相手がベテラン社員となれば話は別です。叱責の度がすぎて関係が決裂してしまうと、相手の生産性をさらに落とす結果になるか、あるいは退職に追い込む結果となってしまうでしょう。

こうしたことを避けるためには、「攻略目標」と「攻撃目標」を分けて考えることが重要です。たとえば営業部門の場合、個々人に求められることは営業予算の達成です。すなわち、「攻略目標」は営業予算の達成ということになります。

ここで「なぜ、これだけしか売上げが上げられないのか」と叱責するのは、「攻略目標」と「攻撃目標」を一致させることになります。そうではなく、「営業予算を達成する」という攻略目標につながる「攻撃目標」を設定しなければならないのです。

たとえば〝1日あたりの訪問件数〟、あるいは〝新規顧客への訪問数〟ということであれば、これは本人の努力しだいで実現可能な「攻撃目標」と言えるでしょう。先ほどのスケジュール表への記入も同様です。

あるいは、ベテラン社員を直接叱るのではなく、そのまわりの叱りやすい部下（新入社員など）を叱り、本人に気づかせるのもひとつの方法です。こうした方法はミーティングや会議の際など、全員が集まっているときに取れる方法ですが、叱りたい対象となるベテラン社員と1対1の際にも、このやり方を取ることもあります。

たとえば、あなたがベテラン社員Aさんに対して提案書の作成を指示したとします。ベテラン社員Aさんは、若手社員Bさんを使って提案書を仕上げました。しかし、できあがってきた提案書を見ると滅茶苦茶で、明らかにベテラン社員のAさんは、若手社員Bさんへの指導はもとより、チェックもしていないことが明白です。

このとき、本来であればAさんの監督不足を叱責するべきですが、あえてAさんに対して、「キミはこんなミスをしないよね。何で、Bさんはこんな風にしたのかな」と、あくまでもBさんを題材にして確認するのです。そうして、提案書のまずい箇所を一つひとつしつこく確認し続けていけば、そのうちAさんは、「私の指導不足ですみません」と言うでしょう。

ただし、ここでAさんが心の底から「すみません」と言うまで、延々とBさんを題材にあげて指摘し続けます。Aさんが、本当に「以後注意します。すみません」と言ってくれたら、「次回からはよろしくお願いしますよ」と穏便に対処するのです。

昔から諺でも、「将を射んとすれば、まず馬から」という言葉があります。攻略すべき相手と攻撃すべきポイントは、分けたほうが波風が立ちにくいし、相手を攻略することも容易です。

4 部下をうつ病に追い込まない叱り方のポイント

また、上司として心しておかなければならないことは、いかに〝叱る〟という指導方法をとるにしても、部下をうつ病にしないことです。仮に、自らの指導方法がまずくて部下をうつ病に追い込んでしまったとすれば、それは100％上司の責任です。

では、どのようなことに留意すれば部下をうつ病に追い込むことなく、効果的に〝叱る〟ことができるのでしょうか。部下をうつ病に追い込まないためには、以下のポイントがあります。

・本人のスキルと仕事の負荷状況のバランスを把握する
・本人の家庭環境やプライベートの状態を把握する
・本人の体調や精神面に変調が感じられたら、叱ることを極力避ける

実際にコンサルティングを行なっていて気づくことは、部下の仕事の負荷状況を正しく把握していない上司があまりにも多いということです。

たとえば、以前私の顧問先で、若手の営業マンがうつ病と診断されて数ヶ月会社を休んだ末、退職するという事件がありました。その原因は、その若手の営業マンが所属していた部署は人の入れ替わりが激しく、彼が入社1年足らずという不慣れな状態であるにもかかわらず、多くの担当先を持たされた上、上司からのサポートが十分に得られていなかったところにあります。

その若手営業マンには直属の上司がいたのですが、その上司を飛び越して、営業部長から厳しく叱責されたことがうつ病になってしまった原因のようなのです。

この若手営業マンの立場からすれば、商品知識・スキルともに不十分な状態で多くの担当先を持たされ、訪問の優先順位すらつけられず右往左往しているところに、現場の実情を把握できていない営業部長から、ある指示が実行できていないことに対して厳しく叱責を受けたのです。

直属の上司であるチームリーダーは自分の数字に精いっぱいで、この若手営業マンのことにまで目が届いていませんでした。仮に営業部長が、この若手営業マンのスキルと抱えている仕事の負荷状況を正しく把握できていれば、頭ごなしに厳しく怒鳴りつけることはなかったでしょう。

また、前にも述べたように、仕事のことだけで悩んでうつ病になる人というのはまずいません。うつ病は「仕事上での問題」に加えて、「プライベートの問題」を抱え込み、自分自身で問題の解決ができなくなった人がかかるケースが圧倒的に多いと言えます。

たとえば、先ほどの若手営業マンのケースで言えば、彼はその会社に入社するにあたり、地方から奥さんを連れて都内近郊に引っ越してきたのですが、奥さんが新しい土地になじめず軽いノイローゼのようになっていたようです。また、本人も通勤時間がかなり長くなり、そうしたことも大きな負担になっていたようです。

もし、上司がこうした彼のプライベートの状況まで把握できていれば、もっといろいろな配慮ができたのではないでしょうか。

また、昔かたぎの人は、よく「病は気から」という言葉を使います。私もよく使います。本当に真剣に仕事をしていれば、「風邪で熱がありますから、今日は仕事を休みます」などということはあり得ないと私は思います。事実私自身、社会に出てこのかた、体調不良が原因で会社を休んだことはありません。

しかし、うつ病などの精神疾患の場合は、「病は気から」などと言ってはならないのです。部下を、うつ病のような病気に追い込まないことは、上司としての義務です。少しでもその前兆となるような症状が表われたら、神経質なまでにその原因を探って症状の解消をサポートすることです。

5 リーダーは、まず「性別の壁」を知ろう

本章の冒頭でも述べましたが、男性の上司にとって女性の部下は扱いにくいものです。なかには、女性の部下に対する指導が得意な男性もいるかもしれませんが、こうした人は少数派ではないでしょうか。

では、なぜ扱いにくいのかと言えば、男性の部下と違って厳しいことが言えない、ということかもしれません。しかし、扱いづらさの本当の要因は、男性と女性がコミュニケーションをとる上での「壁」の存在によるものなのです。

実は、コミュニケーションを阻害する「壁」には、次の2つがあります。それは、①性格の壁と②性別の壁です。

たとえば、①について言えば、同じことを同じように話したとしても、相手にとって受け取り方が異なります。これは性格の違いによるものであり、言い換えると「性格の壁」です。正しいコミュニケーションをとるためには、自分の性格を知り相手の性格を知った上で、相手の性格に合わせてコミュニケーションのとり方を変えていくことが求められます（性格の壁への対処法については、6章で詳しく述べます）。

同様に、男性と女性という性別の違いは、思考パターンや価値観にも違いを生み出していま

す。たとえばあなたの職場でも、男性社員は仕事以外の場でも年功序列が基本であり、先輩・後輩、あるいは上司・部下という序列が、どこまでも維持されているはずです。

ところが、女性社員の間にはそうした関係性は薄く、〝お局さま〟のようなボス格の女性はいるかもしれませんが、先輩・後輩、あるいは上司・部下という序列よりも、どちらかと言えば〝友達関係〟のような並列的な関係性を築いているはずです。

思い起こしてみれば、これは職場だけでの話ではなく、学校でも部活でも、アルバイト先でもそうだったのではないでしょうか。

先に述べたようなことは、「価値観」に基づくひとつの現象ですが、こうした価値観の違いは、コミュニケーションにも影響を及ぼします。

たとえば、夫婦喧嘩の最大の原因は、夫が妻の話を聞かないというところではないでしょうか。私もよく家内から、「あなたは、私の話を全然聞いていない！」と言われます。私としては聞いているつもりなのですが、家内からすれば聞き方が足りないのでしょう。家庭であれば、夫婦は運命共同体ですから、夫の多少のわがままや自己主張は許される（？）かもしれません。

しかし、これが職場となると話は別です。先ほどの話の通り、男性と女性との間に価値観の違いや思考パターンの違いが存在することは明白です。よりよいコミュニケーションをとるためには、こうした男性と女性の違い、つまり「性別の壁」をよく理解して相手を認めることが求められるのです。

こうした、男性と女性の価値観・思考パターンの違いを紹介した本に『話を聞かない男、地図が読めない女』（主婦の友社）があります。同書では、こうした価値観や思考パターンの違いを「男性脳」「女性脳」という言葉で表現しています。

次ページに、男性と女性の価値観・思考パターンの違いを表にまとめました。より男性的な思考パターンをする人のことを「男性脳」タイプ、より女性的な思考パターンをする人のことを「女性脳」タイプと言います。男性だから男性脳で、女性だから女性脳とは限りません。男性でも女性脳タイプの人はいるし、女性でも男性脳タイプの人もいます。

ですから、男性はこう、女性はこう、というステレオタイプの決めつけはできませんが、相手を理解し、円滑なコミュニケーションをとる上での方向性は理解することができるでしょう。

こうした前提を踏まえた上で考えると、女性が相手の場合は、〝頭〟で理解させようとするのではなく〝感情〟を重視して指導を行なうほうがうまくいくでしょう。

そして、本人の感情を重視するという意味においては、人前で叱るのは極力避けたほうがよいでしょう。注意のレベルなら人前でも仕方がありませんが、「叱る」ということであれば、別室でじっくりと話をするべきです。

また、女性は男性よりも感情が優先されるだけに、少し厳しい話をすると泣き出すケースがあります。誰しも、相手に泣かれれば動揺します。しかし、ここで「少し言いすぎたかな……」といった発言をするのは、4章7項でも述べた通り、逆に不信感を抱かせるか、あるい

男性と女性の価値観・思考パターンの違いについて

	男　性	女　性
一番大切なこと	勝つこと	人に好かれること
物事を判断するときに使うもの	分析能力	五　感
外部環境の変化に対して	関心が深い	自分に直接関係のあることにしか関心がない
思考の仕方	ステップ思考	同時処理対応型思考
腹の立つこと	ルール違反	手を抜かれること
「なじみの店」での好ましい対応	自分は後でもよい	すぐに対応してほしい
「細かいところ」に対する反応	どうでもよい	全体のイメージに広げてとらえる
決断にあたっての優先事項	状況的にどうすべきか	自分がどうしたいか
「ルール」に対する考え方	守ることが大事	ルールよりも相手の気持ちが優先

出所:『話を聞かない男、地図が読めない女』(主婦の友社)より作成

は相手からナメられることにつながります。

自分が叱ったことに対して相手が泣くようなことがあれば、「仕事ですから、安易に泣かれても困ります」と、穏やかかつハッキリ言うべきでしょう。たいがいは、このひと言で相手は泣くのを止めるはずです。

もちろん、叱るにしても言葉一つひとつに気をつけ、相手を傷つけることがないように細心の注意を払うのは当然のことです。

6 パート・バイト・派遣社員への叱り方

パート・バイト・派遣社員の場合、正社員とは雇用形態やキャリアパスが異なるため、部下として扱うのにも一定の配慮が必要です。

とはいえ、現実の職場では正社員と同様に戦力として働いてもらわなければなりませんから、必要があれば〝叱る〟という指導方法をとることが前提になります。

〝叱る〟ということ以前に、パート・バイト・派遣社員をうまく使いこなす最大のポイントは、使いこなす側の管理職が、彼ら（彼女ら）のことを絶対に差別してはならないということです。

たとえば、同じ職場内なのに、派遣社員のことを「派遣さん」と呼ぶ人がいるそうですが、こうしたことはまさに論外と言えるでしょう。

パート・バイト・派遣社員をうまく使いこなすためには、次のポイントがあります。

①あらゆることに差別をせず、正社員と同等に扱う

②とはいえ、就業時間などは契約内容を遵守する

③「パート・バイトだから、派遣社員だから仕方がない……」ではなく、叱るべきときにはハッキリと叱る

先ほども言いましたが、同じ職場で仕事をする以上、扱い方に関して差別は絶対に行なって

はなりません。たとえば、部内で飲み会をするのであれば、来るか来ないかは別として、パート・バイト・派遣社員にも声をかけるのは当然のことです。

また同時に、管理職であれば、契約の範疇で仕事を収めなければなりません。たとえば契約上、就業時間が9時から17時と決まっているのであれば、それ以上の仕事を依頼してはいけません。先ほど述べた飲み会に誘うにしても、「これは就業時間外の自由参加だから、もしご都合が悪ければ、ご参加いただかなくて大丈夫ですよ」と、付け加えなければなりません。

しかし、相手がパート・バイト・派遣社員であったとしても、叱るべきときには叱らなければなりません。

たとえば派遣社員の中には、あからさまに「私は派遣社員ですから」といった空気を出している人がいます。私は、そういうタイプの人には「いかにも私は派遣社員ですから、といった空気を出されたら困ります」とハッキリ言うようにしています。

さらに、「こちらは雇用形態で差別するようなことはしていないはずです。また、契約内容も守っています。だから、同じチームの一員として振る舞ってもらわないと困ります」と言うようにしています。

そして一般企業の場合、パート・バイト・派遣社員は女性であるケースが大半と言えるでしょう。

いずれにしても、パート・バイト・契約社員への接し方は「正社員と差別をしない」ということを前提にしながら、「契約を遵守し、無理を言わない」という2つのことを両立させなければなりません。その上で、叱るべきときにはハッキリと正論を述べる、そうした姿勢が管理職には求められるのです。

7 〝ゆとり世代〟新入社員の叱り方

〝ゆとり世代〟とは、2003年度の高等学校における学習指導要領改訂に伴う「ゆとり教育」を受けてきた世代を指します。つまり、2010年以降に入社してくる新卒新入社員が〝ゆとり世代〟ということになります。そうした意味では、私の部下にも〝ゆとり世代〟はたくさんいます。そうした〝ゆとり世代〟の特徴について、下記に示します。

〈ゆとり世代の特徴〉

・草食系男子
・自分自身の「成長志向」が強い
・叱られることに慣れていない

〝草食系男子〟というのは最近の流行り言葉ですが、近年の「バイクが売れない、車が売れない」といった若者の消費行動の変化、また海外留学生の日本人比率が年々減少しているといった「海外志向」の減少に加えて、女性の活発な社会進出が生んだひとつの比喩である、と私は感じています。

そうした意味で、最近の新人が〝草食系〟であることは私も認めるところですが、だからと言って、彼らのモチベーションや能力が低いわけではありません。〝ゆとり世代〟の2番目の特徴として、「成長志向の強さ」はモチベーションの高さの裏返しだと私は思います。

しかし、仕事とは「自分自身が成長するために行なう」ことではなく、「サービス・役務の提供によって対価を稼ぐ」ことが本来の姿です。

つまり、まずは給料分働いて何らかの利益を会社に還元した上で自らも成長する、というのが物事の筋道です。最近の新卒新人の価値観を見ていると、「自らの成長」が一番にきています。そうではなく、まずは「給料分」の仕事をすることを一番に考えるよう、上司として指導を行なう必要があります。

また、最近の新人の共通点として、〝叱られることに慣れていない〟という点を挙げることができます。ビジネスの世界で伸びていくためには、若い間に〝叱られる〟という経験は非常に重要です。

そのためにも、若手社員は本来、〝うまく叱られる技術〟を身につけておかなければなりません。〝うまく叱られる技術〟を身につけておけば、まわりの上司も適切なタイミングで叱ってくれ、かつそれが後にまで尾を引くこともありません。

しかし最近の新人は、こうした〝うまく叱られる技術〟が下手なため、逆に上司を怒らせてしまって自分自身が大きなダメージを被るか、あるいは無視されて、叱られも怒られもしないという状況に追い込まれやすいと言えます。

たとえば、私のチームに配属された新人も、当初は私が叱ると、「はい、はい。すみません」

と私の話をろくに聞かず、すぐに謝る人が大多数です。なぜ、彼らはすぐに謝るのかと言うと、自分自身が「叱られた」という事実を認めたくなく、早くやりすごそうとしてすぐに謝るのです。

ですから、こうした対応をする新人に対して私は、「キミは今、すみませんと言ったけど、じゃあ何がすまないの？」と聞くようにしています。

なぜ、こうした質問をするのかと言うと、「今、なぜ自分は叱られているのか？」ということの焦点が理解されなければ、また同じことを繰り返すことになるからです。自分自身が「叱られた」という事実を認めたくないために、「叱られる」ということから逃げると、ビジネスの素人である若手新人を教育することはできません。

そうした観点で、いわゆる〝ゆとり世代〟と言われる新人に対する叱り方のポイントは次の通りです。

①なぜ叱ったのか、その理由を本人が完全に納得するまで時間をかけて説明する

②金銭や出世をインセンティブにするのではなく、仕事を通して実現する「あるべき姿」をインセンティブにして叱る

③〝よい叱られ方〟を指導しながら叱る

昔は、上の人が言ったことは絶対で、なぜそうなのかといったことを聞くことすらはばかられました。しかし、時代が豊かになるにつれ、人間の欲求段階も上がっていきます。

そうすると、指示ひとつを行なうにしても、上司・部下の信頼関係ができるまでは「動機付け」が必要になります。言い換えると「なぜ、叱ったのか」ということについて時間をかけて説明し、本人の納得を得なければなりません。

しかし、時と場合によっては、短時間でこちらの本気度を伝える厳しい叱り方も必要です。

たとえば以前、このようなことがありました。

ある新入社員が、製本作業場の後片付けをせず、そのままほったらかしにして会社を出ました。私はその新入社員の同期に電話をかけさせ、「ちゃんと片付けてから帰れ」と、本人を呼び戻したのです。

その後、彼は会社に戻って作業場を片付けたのですが、その場にいる私に、挨拶もなく立ち去ろうとするので、「ちょっと待て！」と呼び戻しました。

「キミは、挨拶もせずに帰るのか？」と聞くと、彼は「えっ」と答えます。私はその場にあったゴミ箱を蹴って、「えっじゃねえよ。後片付けはしない、挨拶もない、お前はマナーを知らないのか！」と叱りつけました。

私は、彼の「えっ」に、本人が納得していないことを感じ取り、それでゴミ箱を蹴ったのです。唖然としている彼に、「何で、俺がゴミ箱を蹴ったかわかるか？」と聞くと、「わ、わかりません」と答えます。そこで私は、「まさか、キミを蹴るわけにはいかんだろう。それぐらい、俺は頭にきてるんだよ」と言いました。

その後、彼は私のところに「一緒に仕事をさせてほしい」と言ってきました。ゴミ箱を蹴るのがいいかどうかは別として、私の本気度が彼に伝わったということでしょう。

また、今の若い人たちは目先の金銭よりも、自分自身の「成長」に重きを置く傾向があります。ですから、叱るにしても「そんなことでは、同期との競争に負けるぞ」と言うよりも、「そんなことでは、プロになれないぞ」と叱ったほうが説得力も上がります。

また、彼らは叱られ慣れていないため、「叱られ方」を知りません。叱られている本人からすれば照れ隠しなのかもしれませんが、こちらが叱っていても平然とした表情の新人が多いのです。

私は、新人がそうした態度をとったら「お前、叱られているときは申し訳なさそうな顔をしろ！」と叱ります。とくに営業の仕事はそうですが、ビジネスで成功するためには〝かわいげ力〟が必要です。

私は、この〝かわいげ力〟が進化すると〝人柄〟になると考えていますが、叱られているときには心から申し訳なさそうな顔をするといったことが、かわいげ力の第一歩だと考えます。もちろん、文句があるなら礼を尽くした上で反論すればいいのです。

このように、〝ゆとり世代〟と言われる今の新人に対する叱り方について述べました。ちなみに、今の新人は〝ゆとり世代〟と言われていますが、私が新人だった時代には新入社員は〝新人類〟と言われていました。そうした観点で言うと、いつの時代も新人は問題児なのです。

先ほども言いましたが、社会が豊かになればなるほど新人も欲求段階が上がり、仕事に対して「自己実現」「自分らしさ」を求めるようになります。単なる「生活のため」というように、彼らは仕事を受け止めていません。そうした彼らをうまく指導するためには、彼らから尊敬されて、早い段階で信頼関係を築くことが必要です。

そのためには、彼ら新人が志向する「成長する」ということを、上司自らが実践し続けなければならないのです。

6章

リーダーは「部下のモチベーションを上げる」叱り方を身につけよう

1 リーダーにとって最重要の仕事は、部下のモチベーションアップ

ここで改めて考えていただきたいことは、リーダーにとって〝叱る〟という行為は、部下に対する指導方法のひとつだということです。つまり、リーダーにとってみれば、叱ることはひとつの〝手段〟であり、何が目的なのかを明確にしなければなりません。

では、リーダーあるいは上司の仕事とは何かと言うと、それは1章でも述べましたが、「部下を勝たせること」に他なりません。しかし、リーダーにはもうひとつの重要な仕事がありま す。それは、「部下のモチベーションを上げること」です。

「部下のモチベーションを上げたいなら、そもそも叱らなければいいのでは？」という声が聞こえてきそうです。しかし、部下のモチベーションを上げるためにも〝叱る〟というプロセスは不可欠です。なぜなら、人は自分の仕事の成果に対して、正しく評価されなければモチベーションを落とす生き物だからです。

たとえば以前、ある商社のコンサルティングを行なったときの話です。その商社では、ある営業所が業績不振で、かつ立て続けに人が辞めるという問題が起きていました。

そこで私が、その営業所のメンバーにヒアリングを行なうと、営業所のメンバーは異口同音に、「うちの所長は方針がはっきりしない」、「言いたいことがあれば言えばいいのに。本音が見

えない」といったことを言います。

この営業所の所長は愛想がよくて人はよさそうに見えるのですが、営業所としての方針・数字をつくるための作戦を聞いても、「とにかく顧客満足を高める」、「お客様に評価される」、「小まめに回る」といった一般論ばかりで、具体的な話は何ひとつ出てきません。

そして、自分自身も担当先を持って営業をしているため、「忙しくて所員のマネジメントまでできない」と言います。この所長は、普段部下を叱ることはしませんが、期末になると数字の追求はしてくるのだそうです。つまりこの所長は、「何も方針を出さないし指導もしないのに、部下に数字だけを求める」という、最もまずいマネジメントを行なっていたのです。

片や、同じ社内でも業績が好調な営業所は、例外なく所長の方針・数字をつくるための方針が具体的です。

たとえば、この商社は配管資材を取扱っているのですが、業績好調な営業所の所長は、「うちは差別化のため、このエリアの販売店が在庫してないステンレス製パイプを豊富に在庫しています」、「先月の地震の影響で、市が耐震パイプへの付け替えを考えているようで、メーカーと組んで情報をとっています」など、話す内容が具体的です。

また、所員に話を聞くと、「うちの所長は厳しいけれど、自分自身の成長になるのでありがたい」と、厳しいマネジメントでありながら納得している様子がうかがえました。

さらにこちらの営業所の所長は、予算数字という結果に対して叱ることはありません。それよりも、〝結果〟に至る〝プロセス〟に対して叱ります。具体的には、ＰＲすべき新商品のＰＲを怠っている、電話を取るのが遅い、見積り回答が遅い、といったことです。

このように、部下を叱っても部下のモチベーションが高いリーダーと、部下を叱っていないのに部下のモチベーションが低いリーダーとの間には、次のような特性の違いがあるようです。

こうして見ると、部下のモチベーションが高いか低いか、言い換えると部下がついてくるかついてこないかの最大の分かれ道は、リーダー自身の意識にあると言えます。つまり、リーダーが「自分のことよりも組織全体のこと」を考えているか、「自分のことだけ」を考えているか、ということです。「組織全体のこと」を考えるというのは、ひと言で言うと、「自分自身の存在

	叱っても部下のモチベーションが高いリーダーの特徴	叱らないのに部下のモチベーションが低いリーダーの特徴
重視すること	チーム全体での成果	自分自身の数字をいかにつくるか
組織方針	具体的である	あいまい
指導ポイント	プロセス	結果
叱ることへの意識	必要があれば躊躇しない	叱りたくない
部下との信頼関係	強い	弱い

が部下にメリットを与えている」ということです。「部下にメリットを与える」というのは、

・部下が仕事を覚えて〝一人前〟になる

・部下が予算を達成して高い評価を得る

・部下が技能・技術を習得して高い評価を得る

・部下自身が「成長している」という実感を得る

・これらのことによって部下が昇進・出世する

ということです。先ほどの、後者の所長は、「来年、うちの○○君は主任になるんですよ」とうれしそうに語っていました。部下の昇進・成功を、まるでわがことのように喜んでいます。片や、叱ることもしないが営業所の業績は悪く、部下のモチベーションも低い営業所の所長は、自分の部下の批判ばかりしていました。部下本人には厳しいことを言わない代わりに、裏では部下の批判をしているのです。

こうしたリーダーのスタンスや行動の違いの結果、前者の営業所では部下がリーダーを信頼しているのに対して、後者ではリーダーは部下のことを信頼していません。

よく、リーダーシップをとるためには部下との信頼関係が必要、と言われます。では、信頼関係とは何かと言うと、それはいかにリーダーが部下に対してメリットを与えられるか、ということなのです。

2 モチベーションアップにつなげる叱り方のポイント

1章でも述べましたが、叱ることなしに部下の成長はあり得ません。つまり、叱ることなしに部下を勝たせることはできないし、部下にメリットを与えることはできないのです。

問題は、叱り方が本人のモチベーションアップにつながるかどうか、そこのところが大切なのです。

では、モチベーションアップにつながるように叱るためには、何がポイントになるのでしょうか。次の5つのポイントを挙げたいと思います。

・自分に合った叱り方をとる
・部下本人のメリットを考えて叱る
・〝結果〟で叱らず、〝プロセス〟で叱る
・部下が行なうべき具体的なテーマを明確にする
・部下から尊敬されている

この中で意外と重要なのが、「自分に合った叱り方をする」ということです。〝叱る〟という行為は、あらゆるリーダーシップの中で、最も相手からの共感を得ることが求められる行為です。

そのためには〝自分に合った叱り方〟、すなわち〝自分らしさ〟を前面に出していく必要があります。

たとえば、先ほど例に挙げた商社の営業所の場合、部下を叱ることに躊躇しない営業所の所長は見るからに厳しそうで、部下を叱りつけている様子がリアルにイメージできます。しかし、部下を叱らない営業所の所長は、とても部下を叱りつけるようなタイプに見えません。

では、前者の営業所長の部下マネジメントがうまくいっているからといって、同じやり方を後者の営業所長がとってうまくいくかと言うと、ほとんどのケースでうまくいきません。

なぜなら、リーダーシップの取り方が「自分らしくない」ため、部下が違和感を覚えるのです。「叱る」という行為は、いわば究極のリーダーシップです。リーダーシップの取り方同様に、〝叱り方〟も〝自分らしさ〟がなければ、部下には受け容れられないのです。

3 自分に合った叱り方を見つけよう

では、「自分に合った叱り方」とはどのようなことなのでしょうか。

叱るという行為は、単純に相手を大声で叱り飛ばすというパターンだけでなく、冷静に淡々と言って聞かせるというパターンもあります。「自分は、どちらのパターンが向いているのだろう……」と思われる方は、自分にとって違和感のないやり方を選択するべきでしょう。

たとえば、以前にある会社で管理職教育を行なったときの話ですが、この会社の社長は営業部長に対して、もっと部下に対して厳しく指導することを望んでいました。しかし部長としては、本人の性格と部長としてのキャリアの浅さもあり、厳しく指導するということについてかなり抵抗があったようです。

ところが、折からの不景気で業績も振るわず、社長から数字面での突き上げとともに「もっと部下に厳しく指導しないと！　だから数字もいかないんだ！」と叱責を受け、若手社員に厳しく指導したところ、何人かの社員が退職する結果になってしまいました。

精神的に参ってしまったこの部長は、結局その後部長職を降りたそうですが、こうした一連の話も〝自分らしくない〟叱り方によって、叱るということの弊害だけを表面化させてしまったケースと言えるでしょう。

一方、前項で例に挙げた商社のケースで、所長はとても温厚で滅多に人を叱るようなタイプではありませんが、業績としてはずっと好調をキープしている営業所がありました。この所長は、見るからに人がよさそうで、普段はとてもとっつきやすい人です。

しかし、所員の怠慢が原因でトラブルが発生したときなどは、当然のことながら当人を叱ります。しかし、決して怒鳴ったりすることはありません。会議室に呼び出し、1対1で相手が納得するまでとことん話し合います。そのときの所長の表情に、いつもの温厚な面影は見られません。怒鳴ったり大きな声を上げたりすることがなくても、こうした普段とのギャップに部下は萎縮します。

また、この営業所にはもうひとつの特徴があります。所長は、温厚で滅多に部下を叱るようなタイプではないのですが、この所長の右腕格の課長が、見るからに強面の厳しいタイプなのです。

たとえば、若手の挨拶の仕方や電話応対の仕方が悪いと、躊躇なく大声で指導を行ないます。ある意味、所長が母親の役割をはたし、この課長が父親の役割をはたしているようにも見えます。

このように、大声で厳しく叱って結果を出すリーダーもいれば、訥々と叱って成果を出すリーダーもいるのです。いずれも、部下のモチベーションを落とすことなく、かつ組織の規律を維持しています。ビジネスの答えがひとつではないように、叱り方の答えもまた、ひとつではないのです。

しかし、いずれの叱り方をするにしても、成果を出すリーダーの叱り方には次の3つの共通点があります。それは、

①真剣に叱っていることが相手に伝わっている
②普段の態度・雰囲気と、叱るときの態度や雰囲気に大きなギャップがある
③叱ることを指導のひとつとして捉え、エネルギーと工数を投入している

ということです。こうしたことについて言えば、私の顧問先の例があります。そこの社長は温厚な紳士で、声を荒げて社員を叱ることはまずありません。しかし、たび重なる注意を受けても行動が改善されない社員がいると、その社員は社長室に呼ばれます。

この会社では、普段社長室は使われていません。社員は、「社長室に呼び出されたら社長は本気だ」ということがわかっていますから、社長室に呼び出されて叱られた社員は、その後の行動が確実に変わります。このように叱る際、〝いつもと違う〟雰囲気を演出することも大切なことなのです。

また、先ほど述べた訥々と叱るタイプの所長の場合、相手が納得するまで何時間でも話し合いを続けます。つまり、叱るということを必要な指導であると捉えて、工数とエネルギーを投入しているのです。

「どうせ、いくら言ってもダメだから言うのをやめておこう」、「言っても直らないし、時間

のムダだからやめておこう」という冷めた見方では、絶対にリーダーは務まりません。こちらが情熱を持って指導すれば、必ず相手の行動は変わります。かと言って、すぐに改まるわけではありません。叱っても、当人の行動が改善するまでには時間を要するからです。

要は、リーダーが粘り強く指導をし続けられるかどうか、なのです。〝リーダーが叱ることに対して工数とエネルギーを投入している〟というのは、言い換えると、リーダーが情熱を持っているかいないか、ということなのです。

4 リーダーが知っておくべき「人の性格4類型」

相手とコミュニケーションを取る上において〝性格の壁〟と〝性別の壁〟があります。〝性別の壁〟については5章で述べた通りですが、相手を叱る上では、性別の壁と同様に〝性格の壁〟も強く意識する必要があります。

つまり、「自分はどのようなタイプの人間なのか」、そして「相手はどのようなタイプなのか」ということを意識して〝自分らしく〟叱る、かつ〝相手に合わせた〟叱り方をすることが求められるのです。

みなさんは、ビジネスの世界だけでなくプライベートにおいても、「言ったはずのことが相手に伝わっていない」、「こちらの思いが伝わらない」、「相手の考えていることがわからない」という経験をしたことはないでしょうか。

こうしたことが起きると、得てして「彼はやる気がないんじゃないのか……」とか「能力がないんだな……」と捉えてしまいがちです。しかし、こうしたことが起こる原因は「自分の性格タイプと相手の性格タイプが異なる」ことによるコミュニケーションの壁である場合が多いのです。

心理学の世界では、人間の性格をいくつかのパターンに分けて考えます。6つに分ける考え方や12に分ける考え方もありますが、本書ではシンプルに4つに分けるパターンについて考えていきたいと思います。

ここで、縦軸に「自己主張が強い」「自己主張が弱い」という軸を取り、横軸に「感情が表に出やすい」「感情が表に出にくい」という軸を取ります。そうすると、次ページに示すようなマトリックスが完成します。このマトリックスで性格を分類すると、以下に示すような、4つのパターンに分けることができます。

〈人間の性格4つのパターン〉

・陽気な「演出家タイプ」（＝秀吉タイプ）
・冷静な「分析屋タイプ」（＝光秀タイプ）
・厳格な「管理者タイプ」（＝信長タイプ）
・親切な「縁の下の力持ちタイプ」（＝家康タイプ）

よりイメージしていただきやすいように、該当するタイプの戦国武将の名前を挙げてみました。

まず「演出家タイプ」ですが、この性格の人は頭の回転が速く、他人をうまく盛り上げることが上手なタイプです。頭の回転が速いことからトークも上手で、人を惹きつける力が強いタイプです。

この「演出家タイプ」と真逆の性格が、「分析屋タイプ」です。「分析屋タイプ」の人は、頭で考えて納得したことしか口にしないし、行動に移そうとしません。それに対して、「演出家タイプ」の人は「論理」よりも「直感」で判断するため、頭の回転が速いのです。「演出家タイプ」の人から見ると「分析屋タイプ」の人は頭の回転が遅く、一見消極的に見えますが、そうではありません。直感を重視する演出家タイプとは異なり、「分析屋タイプ」は論理を重視するのです。

ですから、「分析屋タイプ」の人とコミュニケーションをとる場合は、決して結論を急がせてはいけません。相手の考えがまとまるまで、じっと待ってあげることが重要です。

さらに「管理者タイプ」というのは、人から命令されるのが嫌いな反面、部下や目下の人に指示したことについては、その結果が気になるタイプです。また、相手の能力や考えていることを〝じっと〟観察する習性がありますから、一見怒っているように見えることもあるし、こちらのことを嫌っているように見えることもありますが、そうではありません。それが、その人の性格なのです。

最後に、「縁の下の力持ちタイプ」の人は、自分のことよりまわりの人のことが気になるタイプです。たとえばこのタイプの人には、「自分のことなんだからがんばれ！」と言うより、「まわりのみんなが助かるからがんばって！」と言ったほうが、モチベーションが上がる傾向があります。

実際には、複雑なのが人間の性格です。この4つのタイプのうちのどれかがあなたの性格で

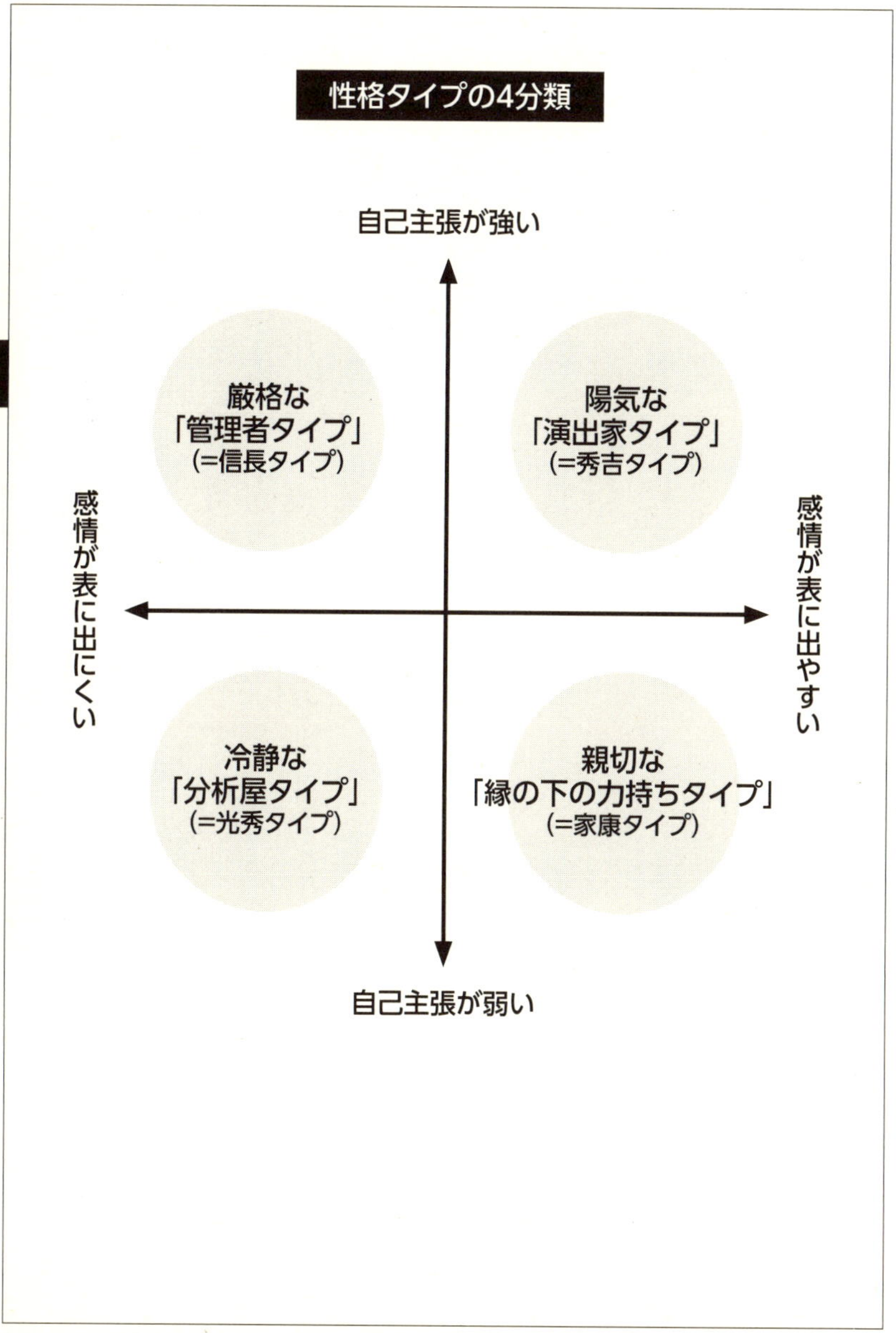
性格タイプの4分類
自己主張が強い
自己主張が弱い
感情が表に出にくい
感情が表に出やすい
厳格な
「管理者タイプ」
(=信長タイプ)
陽気な
「演出家タイプ」
(=秀吉タイプ)
冷静な
「分析屋タイプ」
(=光秀タイプ)
親切な
「縁の下の力持ちタイプ」
(=家康タイプ)

す、などと決めつけるつもりもありません。

たとえば私の場合は、「演出家タイプ」と「分析屋タイプ」がミックスされた性格だと思います。ここで大切なことは、自分自身の性格を知り、相手の性格に合わせたコミュニケーションをとることを意識していただきたい、ということです。

〝叱る〟という行為も、ひとつのコミュニケーションです。しかも、慎重に行なうべきコミュニケーションの一手段です。だからこそ、自分を知り相手を知ろうとする意識が、リーダーには求められるのです。

5 「自分のタイプ別」「相手のタイプ別」叱り方のポイント

では、先ほどの性格タイプから、どのような叱り方をするのがベストなのでしょうか。

まず、自分自身のタイプが「管理者タイプ」、あるいは「演出家タイプ」の場合は、〝相手を大声で叱り飛ばす〟パターンの叱り方をしてもしっくりくるでしょう。先ほどのマトリックスを見ると、両者とも「自己主張が強い」軸の性格です。言い換えると、相手からもそう見られているため、〝相手を叱り飛ばす〟パターンの叱り方をしても、それほど違和感はありません。

逆に、自分のタイプが「縁の下の力持ちタイプ」、あるいは「分析屋タイプ」の場合は、〝相手を訥々と叱る〟パターンの叱り方がしっくりくるでしょう。

この両者は、先ほどのマトリックスを見ると「自己主張が弱い」軸に位置しています。先ほどの話と同様、相手からもそう見られているため、相手を叱り飛ばすような叱り方をすると、相手からすると違和感があるのです。

自分自身がどのような叱り方をするべきかは、自分がどのような性格タイプなのか、そしてどのような叱り方が最も違和感なく行なえるのか、という2つの視点で考えるといいでしょう。

先ほど、私の性格は「演出家タイプ」と「分析屋タイプ」がミックスされた性格だと言いましたが、私の本来の性格は「分析屋タイプ」だと思います。しかし、前職の営業という仕事、さらに現在のコンサルタントという仕事を通して「演出家タイプ」の面が出てきたのではないかと考えています。ですから私は、普段から怒りっぽいわけではありません。

ところが、叱らなければならないシーンになると直感的に、ここで「叱るべき」と感じて厳しく叱ります。さらに、叱りながら「分析屋タイプ」の面が出てくるため、私の説教はとても長いものになります。

こうした私のスタイルがいいのか悪いのか、それは何とも言えませんが、しかし自分の性格タイプを知っていれば、客観的に自分自身を見ることができます。ですから、「今はさっと叱ることを切り上げるべきだ」と思ったら、自分の性格も考慮して納得していなくても説教をストップすることができます。

もし、自分自身の性格を正しく把握できていなければ、「オレは、キレやすいタイプなのだろうか……」と悩み、自分に自信を持つこともできないでしょう。自信のないリーダーについてくる部下などいません。そうした意味でも、自分の性格を知るということは、非常に意義があることなのです。

次に、部下に対する性格別の叱り方ですが、部下が「縁の下の力持ちタイプ」、あるいは「演出家タイプ」の場合は、人前で叱る、あるいは多少大声で叱り飛ばす叱り方をしても問題はないかもしれません。

この両者は、先ほどのマトリックスで言えば、「感情が表に出やすい」に位置していることがわかります。感情が表に出やすいというのは、言い換えると〝わかりやすい性格〟ということです。こうしたタイプは、叱られたことに対して大きくモチベーションを落とす、あるいは根に持つケースは少ないと言えます。

逆に、部下が「管理者タイプ」、あるいは「分析屋タイプ」の場合は、人前で叱ったり叱り飛ばすような叱り方をするのは極力避けたほうがいいでしょう。

まず「管理者タイプ」はプライドの高い人が多いため、こうしたタイプは当然のことながら、人前で叱られるようなことを心から嫌います。「分析屋タイプ」について言えば、頭ごなしに叱りつけるようなことをしても、頭で理解しないと納得しないため、あまり意味はありません。それよりも、冷静に時間をかけて、何が悪くて何に叱ろうとしているのかを頭で理解させて納得させる必要があります。

余談ですが、先ほどの性格タイプで例に挙げた織田信長は明智光秀によって起こされた謀反のため本能寺で殺されていますが、織田信長は人前で頻繁に明智光秀のことを叱り飛ばしていたようです。光秀の場合は、先ほども述べたように「分析屋タイプ」ですから、頭ごなしに怒鳴られても心底納得することはできません。

逆に、同じ部下でも秀吉の場合は、先ほど述べた「演出家タイプ」ですから、人前で怒鳴られてもうまく対応して、後々まで根に持つような性格ではなかったわけです。

もし、信長が部下の性格別に叱り方を変えていたら、謀反は起きなかったかもしれません。

6 プロセスを〝叱る〟ためのテーマ設定のポイント

さらに、叱ることをモチベーションアップにつなげるためには、目標を達成するためのテーマ設定を、部下との間で行なっておく必要があります。上司の仕事とは、「部下に勝ち方を教える」ことだと述べてきましたが、そのために上司は、常に適切なテーマ設定を部下に対して行なう必要があります。

たとえば船井総研のケースで言えば、目標予算を達成するためにはセミナーを開催し、営業案件をつくる必要があります。ですから、上司の立場としては部下に対して、「いつまでに」、「どのような内容の」セミナーを実施するのかということを決めるのが、部下に対する〝テーマ設定〟となります。

さらに、セミナーを実施できるレベルにない部下の場合は、「報告書全体をまとめられるようになること」、あるいは「財務分析のパートをこなせるようになること」といったことが、部下に対するテーマ設定になります。

こうしたテーマ設定を行なうにあたっての考え方として、ＳＭＡＲＴの原則というものがあります。以下、ＳＭＡＲＴの原則について示します。

〈SMARTの原則〉

・Specific（何を目標にするかを明確化）
・Measured（測定可能であること）
・Achievevable（達成可能であること）
・Relevant（達成の価値があること）
・Timed（達成期間が規定されること）

SMARTの原則は、一般には目標設定の際に用いられる考え方ですが、目標を達成するためのテーマ設定においても考え方としては同じです。目標・テーマ設定を行なう際には、以上の5つの要素を満たす必要があるというものです。

そして、この中でとくに大切なのが、〝達成可能であること〟というところです。〝達成可能〟とは言い換えると、〝本人がイメージできるかどうか〟ということです。つまり、本人がイメージできないことは、まず達成することはおぼつかない、ということです。

たとえば営業マンの売上目標ですが、本人が「こんな高い予算、できるわけがない」と思っていたら、それは本人が考えている通りになってしまいます。

そこでリーダーは、「じゃあ、いくらだったらできるの？」と、本人にイメージさせることが大切です。そこで部下が、「いえ、月次粗利150万はきついですが、80万円だったらできると思います」と言ったとしたら、「じゃあ、きりがいいところで月次目標100万円ならどうだ？」と返します。部下が、「それならできるかもしれません」と言ったら、自分と部下との間で〝月次目標100万円〟を共通の目標にすればいいのです。仮に、それがオフィシャルな目標でなかったとしても、2人の間での目標にすればいいのです。

そこで、「会社が決めた目標なんだから、何としても達成しろ！」と言ったところで、そもそも本人が無理だと思っていることはできるはずがありません。

それを無理強いしても、本人のモチベーションも下がるだけで、よいことは何もありません。そのようなことが起こらないよう、目標設定はSMARTの原則に沿った形で行なわなければならないのです。

さらに、目標を達成するためのテーマ設定も同様です。先ほどの話で、月次粗利100万円が当面の目標であるならば、それを達成するためのテーマ設定として、

・午前中2件、午後5件の訪問を行なう
・そのうち、2件の訪問については事前にアポを取る
・さらに月2回、上司との同行を半年間続ける

といったことを決めます。これは、何をするかが明確であり、測定可能・達成可能であり、達成期間も規定されています。

このように、会社から示されるのは「売上目標」であり、製造業であれば「生産目標」、あるいは「コスト目標」です。この中で上司の仕事とは、目標を達成するための「テーマ設定」です。

言い換えると、上司の仕事とは〝テーマ設定業〟とも言えます。部下に対して適切なテーマ設定を行なうためには、常に上司は部下よりも高いレベルにある必要があります。勉強を怠り、日々の業務に対してマンネリ化してくると新たなテーマは見えてきません。

逆に、常に部下よりも仕事に対して高い志と理想を持っていれば、新たなテーマが次々に見えてくるはずです。

このように、上司自らが常に高い志と理想を持ち、部下に対する〝テーマ設定業〟が行なえているとするならば、叱るという行為が、部下のモチベーションを下げることにはつながりません。

7 叱ることをプラスにするか、マイナスにするかはリーダーしだい

先ほど述べたSMARTの原則の中に、「達成の価値があること」という項目があります。目標・テーマ設定を行ない、それを達成した結果、本人にとって価値があるケースとして、次の3つが考えられます。

①達成した結果、自らの成長につながる
②達成した結果、自らの報酬アップ・昇進につながる
③達成した結果、上司から認めてもらえる

この中で上司としては、極力①②につながるような目標・テーマ設定を行なう必要があります。しかし、①②というのは中長期的なスパンの話であり、短期的な視点で言えば、③が必要です。

逆に、③の要素がなければ〝傭兵的〟な部下しか育たず、組織・会社に対するロイヤリティ（忠誠心）は生まれません。最近の風潮として、「自分のためにがんばる」という意識が強いようですが、「自分のために」という動機づけは、強いように見えて意外に弱いものです。

なぜなら、人間は本来帰属意識が強く、本書の中でも繰り返し述べている〝承認欲求〟が満たされて、はじめて〝自我欲求〟に至ることを考えれば、「自分のために」と同じくらい、「会

社のために」、「組織のために」というロイヤリティを持つべきなのです。

その第一歩として、③で述べた「達成した結果、上司から認めてもらえる」という要素が必要なのですが、そのためには〝部下から尊敬されている〟ということが前提条件となります。「自分も上司のようになりたい」、「上司のことを尊敬している」と思うからこそ、上司から認められたいのであって、尊敬もしていない上司から認めてほしいと思う部下など存在しません。

そう考えると、〝テーマ設定業〟を行なう上司の立場からすると、部下から尊敬されていることが不可欠となります。また、先にも述べた通り、叱ることでモチベーションアップにつなげる上での最大のポイントは、上司が部下から尊敬されているということです。

どうすれば、リーダーとして部下から尊敬を得られるかというポイントは、リーダーシップを取る上で最も大切なことです。リーダーとして、部下から尊敬されるかどうかということは、先天的な素質ではありません。リーダーとして、努力して身につけるべき後天的な要素です。ところが、後天的な要素であるにもかかわらず、意識してこうしたことを身につけようとしている上司が、最近では非常に少ないように感じます。

上司に、それだけの余裕がなくなってしまったのかもしれませんが、人の上に立つ立場のリーダーであれば、必ず身につけておかなければならないことです。このポイントについては、次の章で詳しく述べます。

ただし、いかに部下から尊敬されていたとしても、日々のコミュニケーションの取り方、とくに〝叱る〟というデリケートなコミュニケーションの取り方が不適切だと、その尊敬も長続きしません。

先ほども述べた例ですが、謀反を起こした明智光秀も、当初は秀吉同様、信長の忠実な部下だったのです。ところが、叱り方が適切ではなかったがために、本能寺の変に至ったわけです。これは戦国時代の話だけではなく、現代の会社にも通じる話です。

多くの場合、上司と部下との致命的なトラブルは、〝叱る〟ことによって生まれています。厳しく叱りすぎて、部下を辞めさせてしまうケースもあります。あるいは、普段から遠慮して部下を叱らず、ある日積もり積もったものが爆発して関係を壊すケースもあります。

いずれにしても、必要なときに自分に合った形で、かつ相手に合わせた叱り方をしていれば防ぐことができる問題です。そして叱るにしても、最終的に部下のモチベーションを上げる方向で叱らなければなりません。そのための叱る技術を、上司は身につけておく必要があります。叱ることをプラスにするか、マイナスにしてしまうかはすべて上司しだいなのです。

7章

“叱る”前に押さえよう！上司としての心構えとは

1 叱ることの前提条件は、部下との信頼関係＝部下から尊敬されること

さて、今まで叱り方の技術についていろいろと述べてきましたが、部下を叱る上において、必須とも言えるひとつの前提条件があります。それは、部下との間に信頼関係が結ばれている、ということです。上司と部下に信頼関係が結ばれているという状態は、以下のような状態を指します。

①上司が部下に期待していて、それが部下に伝わっていること
②部下が、上司を尊敬していること
③その結果、部下が上司に対して忠誠心を持っていること

このように、「信頼関係」というのは相互の関係性です。上司は部下を思い、部下は上司を尊敬し忠誠心を持つという、相互の関係なのです。

そして、この「信頼関係」の中心に位置するのが〝部下が上司を尊敬していること〟に他なりません。

たとえば、①の「上司が部下に期待していて、それが部下に伝わっていること」にしても、尊敬もしていない上司から期待されたところで、部下としてはやる気など出るはずがありません。

また、③の「部下が上司に忠誠心を持っていること」についても、尊敬できない上司に本当の意味で忠誠心を持つ部下などいません。また、尊敬もされていない上司が部下に忠誠心を求めても、それは反発を招くだけの話です。

「信頼関係」という言葉は、文字通りお互いに〝信用〟し、〝頼る〟ことができる関係のことです。この関係を、上司から部下の方向で考えると、「部下に期待する」ということになるし、部下から上司への方向で考えると、「上司を尊敬する」ということになります。すなわち、上司の立場であるとするならば、「信頼関係＝尊敬されること」であると考えるべきでしょう。

つまり、部下を叱る上での真の前提条件は、「部下から尊敬されている」ということです。逆の立場でもそうですが、たとえばこの本を読んでいるあなたにしても、尊敬もしていない上司から叱られても反発するだけではないでしょうか。役職の上下関係や、組織上の問題から、表面上は聞き入れる姿勢を見せるかもしれませんが、内心では反発するはずです。

前にも述べた通り、こちらが叱ったことに対して、相手が心から納得してくれないことには叱ることの意味がありません。表面的にただ、「わかりました」と言ったとしても、本心から納得していなければ、また同じことの繰り返しになるからです。

このように、部下から「尊敬される」ということは叱る上での前提条件であると同時に、リーダーシップにおける中心的なテーマであると言えます。

それだけ、「尊敬される」ということは重要であるにもかかわらず、「尊敬される」ということに対して無頓着な上司が少なくありません。

たとえば、部下の前で愚痴を言う上司、会社の悪口や自分の上司の悪口を言う人は、自分の値打ちを下げているわけですから、「尊敬される」ということに無頓着と言わざるを得ません。

また、部下と飲みに行っても、きっちり〝割り勘〟にする管理職もいます。ましてや、自分から「飲みに行こう！」と誘っておいて完璧に割り勘にするのは、上司としてどうかと思います。しかし、実際にはこうした上司が多いのです。

一般的に、人から「尊敬される」というのは、その人が高い人間性を持っていることで、結果的に「尊敬される」ということにつながると思われがちです。つまり、人から尊敬されるために意識して行動するのはいかがなものか、と考える人がいるかもしれませんが、こと上司として部下を持つ立場になれば、意識して「尊敬されるような」振る舞い方をする必要があります。

たとえば、時代劇などを見ていると、武士が本を読んで勉強しているシーンがよく出てきます。あれは、どんな本を読んでいるのかと言うと、多くの場合、儒学などの中国古典です。中国古典の代表格は、「論語」や「易経」に代表される〝四書五経〟と言われる書物ですが、要は、この〝四書五経〟は人の上に立つ人の心構えを説いたものです。

具体的には、〝いかに正しい意思決定を行なうか〟、〝いかに人心をつかむか〟といったことが書かれているわけですが、指導者として「いかに尊敬を得るか」といったことも、主要テーマのひとつなのです。

このように、リーダーシップとは自ら努力して勉強して身につけることであり、「尊敬される」ということも同様のことなのです。

余談ですが、「尊敬される」というのは、ビジネスにおける上司・部下の関係だけでなく、家庭内においても重要なことです。私が見る限り、子供が非行に走るなどの問題を抱えた家庭というのは、家庭内において父親の威厳がないケースが多いと言えます。

言い換えると、父親が妻や子供から尊敬されていないのです。ビジネス上だけではなく、家庭内においても、意識して「尊敬される」ということに対して気を使わなければなりません。

2 「尊敬される」ために必要なことは何か

では、上司として部下から尊敬されるために必要なことは何でしょうか。以下に示してみたいと思います。

〈部下から尊敬されるために必要なこと〉

①常に、部下よりも高い目標を持つこと
②部下にメリットを与えることができること
③人が嫌がる仕事でも、率先垂範であたること
④自分の値打ちを落とさないこと
⑤部下を守ること
⑥常に、自分の人間性を高める努力をすること

最初の、「常に、部下よりも高い目標を持つこと」について言えば、部下よりも高い目標を持つということは、言い換えると、部下よりも高い能力を持っているということです。

たとえば、プレイングマネージャーの営業課長がいたとします。一般の営業マンであれば、目標は個人の売上達成になります。しかし課長の場合、あくまでも目標は課の予算達成となるはずです。

ところが、実質的にプレイングマネージャークラスの管理職の場合、自分の売上目標しか見えていない人が多いことも事実です。課の予算達成が目標ということになれば、当然のことながら、仕事の中心は部下教育になるはずです。プレイングマネージャーというのは、自分の数字はやって当たり前。部下教育が自分の仕事の中心である、という認識に立たなければなりません。

〝高い目標を持つ〟という観点で言えば、とくに管理職の場合は、常に自分よりも二階級上の役職の立場で物事を考え、語るようにするべきでしょう。

このような話があります。

第二次世界大戦が終わった後、日本軍とドイツ軍が同じ収容所に抑留されていたそうです。そのとき、武装解除を受けて指揮官を失った旧日本軍は統制を乱したのに対し、旧ドイツ軍は戦時同様に収容所内でも統制がとれていたそうです。

これは、両軍の下士官への教育方針の違いからくるもので、日本軍は本人の階級に応じた教育がなされていたのに対して、ドイツ軍は本人の階級よりも二階級上の階級の教育がなされていたというのです。

つまり、日本軍の場合は下士官には下士官の教育しかなされていなかったのに対して、ドイツ軍の場合は、下士官にも将校としての教育がなされていたということです。

とくにリーダーの場合、自分自身の本来の立場よりも高い立場で物事を考えて語ることができなければ、部下から尊敬されることは難しいと言えます。

また、上司として部下から尊敬されるために必須のことは、「部下にメリットを与えることができること」です。上司の仕事とは〝部下を勝たせること〟と述べましたが、〝部下を勝たせること〟とは、言い換えると、部下にメリットを与えるということなのです。

以前、私の顧問先で部下の統制がうまくとれないマネージャーがいました。このマネージャーは人当たりがよく、部下に対して厳しいことも言わない人でしたが、なぜか部下のモチベーションは上がらないのです。

あるとき、この人の部下と話をする機会がありました。その部下が言うには、「うちの上司はどう考えてもスキルが低いから、どうしても尊敬する気にはならないのですよ。人柄はいいんですけどね……」とのことでした。

たしかに、営業数字だけを見れば、このマネージャーはダントツの実績を上げていました。しかしその実績は、前任者から引き継いだ大手顧客数社でほぼつくられているというのです。「あんないいお客を担当していれば、誰でも数字はつくれますよ」と、その部下は続けました。

上司として、〝人柄がいい〟〝優しい〟といったことは「必要条件」かもしれませんが、「十分条件」ではありません。上司にとっての十分条件は、やはり〝部下を勝たせることができる〟スキルなのです。では、〝部下を勝たせる〟スキルが不十分なリーダーは、どのように振る舞えばいいのでしょうか。

3 自分のスキルが不十分な場合、どのように振る舞うべきなのか

〝部下を勝たせる〟スキルが不十分ということは、言い換えると、自分と部下との間に能力差がそれほどない、あるいは下手をすると、自分よりも部下のほうがスキルが高い状態と言えます。

多くの人は、自分よりも能力の低い上司の下では働きたくないし、無理やり働かされるにしても、本来のパフォーマンスを発揮することはありません。

仮に、そうした状態で上司がリーダーシップを発揮する方法はただひとつ。それは、誰もが嫌がるような仕事を率先して行なうことです。

リーダーシップをとる最も簡単な方法は、人が嫌がる仕事を率先して行なうことです。たとえば、私の顧問先の商社で、トップクラスの成績を上げている営業所の所長がいます。彼がその営業所の所長に赴任したとき、営業所にはその所長よりもはるかにベテランの社員がいて、彼が実質的に営業所のメンバーを牛耳っていたそうです。

このベテラン社員からすると、自分よりも年下の所長の言うことなど聞きたくもありません。そのため、何かにつけては所長に反抗し、営業所の業績も伸び悩むようになりました。そこで、この所長が行なったことは、誰よりも早く営業所に出てきて、営業所の前と駐車場の〝雪かき〟

を行なうようにしたのです。

この営業所は東北地方の北国にあることもあって、冬場にはかなりの雪が降ります。そして、〝雪かき〟は誰もがやりたくない重労働です。本来なら、営業所員全員で雪かきをすればいいのですが、この所長はあえてそれを行なったというのです。

そんな所長の姿を見ていた所員も、除々に早く出社して所長の雪かきを手伝うようになり、最後にはこのベテラン社員とも意気投合することができたのです。

このように、自分のスキル・能力が部下と比較して圧倒的に高くなかったとしても、リーダーシップの取り方しだいで部下を動かすことはできるのです。

実務の面で、部下よりも自分のほうがあらゆる面で長けていれば、リーダーシップも取りやすいでしょう。本来は、こうした姿が望ましいのですが、必ずしもそうとは限りません。

仮に、自分と部下との間でスキルの差があまりない、あるいは部下のほうが経験豊富な場合は、先ほどの東北地方の営業所の話ではありませんが、人が嫌がる仕事を率先垂範でこなしていく覚悟が必要でしょう。

さらに言えば、仮に自分に圧倒的な能力があったとしても、とくにプレイングマネージャーの場合は、率先垂範する姿勢が必須です。

たとえば、部下が忙しく仕事をしているのに先に帰ってしまう上司を見かけます。「上司が先に帰らないと部下が帰れない」という言葉をよく聞きますが、私はそうした考え方には疑問を持ちます。昨今、上司に気を遣って、仕事もないのに仕事をしている部下などいない、と私は思います。部下が残って仕事をしているということは、部下にとってキャパオーバーな仕事を抱えているということなのです。

とくにプロジェクト型の、ひとつの報告書をつくる、あるいはシステムをつくり上げていくような仕事の場合、優秀なリーダーが関与すれば1日で終わることが、部下だけで仕事を進めると3日かかってしまうようなことがよくあります。

このような場合、リーダーは仕事を部下に丸投げするのではなく、自分自身が細かく工程管理と指示出しを行ない、効率よくチームが動くような段取りを行なう必要があります。

とくに、今のような時代は顧客からの要求も厳しく、たとえば受注金額は数年前の7掛けだったとしても、手間は同じくらいかかるといった仕事が多いのです。

つまり、今の時代は仕事そのものが難しくなってきており、リーダーが部下の仕事に深く関与しなければ、仕事そのものが円滑に回らないケースが多いことを認識しなければなりません。

私が言いたいことは、「上司が先に帰らないと部下が帰れない」といったことが言えるような悠長な時代ではない、ということなのです。

4 リーダーの仕事はプレーヤーとは違う

だからと言って、リーダーが1プレーヤーとして仕事に参加していたのでは意味がありません。部下がベテランであろうがなかろうが、リーダーはやはりリーダーなのです。

私は一貫して、リーダーの仕事とは〝部下を勝たせること〟であると述べてきましたが、これはある場面では〝部下の仕事の段取りをすること〟となります。先ほど述べたようなプロジェクト型の仕事の場合はとくに、リーダーの仕事は〝部下の仕事の段取り〟ということになります。

また、製造業における現場リーダーの場合も同様です。たとえば、工作機械における組立工程を例に挙げます。

工作機械とは、機械をつくるための機械のことで別名マザーマシンとも言われ、日本を代表する輸出型の機械産業です。工作機械は数千点もの部品から構成されている上に、ミクロン台の精度が求められる機械ですから、組立は熟練を要する工程になります。

では、この組立工程のリーダーの仕事は何かと言うと、自分自身が組立作業を行なうことではなく、メンバーの手が遊ぶことがないように、必要な材料やネジを事前に準備しておくこと、あるいは作業手順を前もって決めておいて事前にそれを指示しておく、といった〝段取り〟になります。

このとき、組立工程のリーダーが1プレーヤーとなって組立作業に没頭してしまうと、全体の流れが誰もわからなくなり、製品の納期遅れを起こすリスクが高まります。私は、こうした製造業の顧問先も多いのですが、納期遅れを起こす工程のリーダーというのは、たいがい1プレーヤーになっています。

先ほど、リーダーとして尊敬されるためには〝率先垂範〟が必要だと言いましたが、ここで言う率先垂範とは、リーダー自身が1プレーヤーになることではありません。リーダーの仕事とは、あくまでも「部下に勝ち方を教える」ことであり、先ほどの機械の組立工程のケースで言えば、「部下の仕事の段取りをする」ということなのです。

リーダーが、1プレーヤーの仕事を仮に徹夜でやっていても尊敬されることはありません。リーダーの仕事とは全体の仕事を見通し、部下が仕事を進めやすい環境をつくることだからです。そういう意味では、先ほどの〝雪かき〟の仕事も、部下が仕事を進めやすくするための環境づくりだし、組立工程における〝段取り〟も、部下が仕事を進めやすくするための環境づくりなのです。

つまり、リーダーに求められる本当のスキルとは、「いかに部下・メンバーに気持ちよく仕事をしてもらうか」という環境づくりと言えます。

そのためにリーダーに必要なことは、

①仕事のポイントを見定める力
②気配り
③アンテナの高さ
の3つでしょう。

〝仕事のポイント〟とは、その仕事において何を優先させなければならないか、ということです。営業活動であれば重要顧客との面談だし、先ほどの組立工程で言えば、作業者を遊ばせないことです。

そうした仕事のポイントを見抜いた上で、その先を読んで、今何をしなければならないかを判断する力が〝気配り〟であり、現時点での状況を正しく把握する〝アンテナの高さ〟なのです。

とくに〝アンテナの高さ〟は、リーダーが強く意識しなければならないところです。たとえば、部下が電話で誰かと話をしている場合、それが誰と話をしているのか、推測がつかなければなりません。また、部下同士のちょっとした会話の中から、今仕事がうまくいっているのかいないのか、程度の推測もつかなければなりません。

ですから、本当は作業そのもののスキルは部下のほうが上だったとしても、仕事全体の進め方という観点で、リーダーとして存在感を出すことはできるはずなのです。

その際に気をつけなければならないことは、リーダーの仕事は、あくまでも「部下が仕事を進めやすい環境をつくる」、「部下が、気持ちよく仕事を進められる環境をつくる」ことであり、決して「部下の行動を管理する」ということではありません。

前者のリーダーは尊敬されるに値しますが、後者の「部下の行動を管理する」だけのリーダーは、いかにリーダーそのものが実力者であったとしても、尊敬されることはありません。後者のリーダーは、部下の立場からするとメリットを見出すことができないからです。

5 君主は愛されるより畏れられよ、の真意とは

だからと言って、部下の顔色ばかりを見ているリーダーも、尊敬されることはありません。先ほど述べた、中国の〝四書五経〟同様に、リーダーのための書物として有名なものにマキャベリの〝君主論〟があります。君主論とはその名の通り、君主としていかにあるべきか、ということを論じた書物です。その中の有名な言葉に、「君主は愛されるより畏れられよ」という言葉があります。

つまり、リーダーは部下から畏れられるくらいがよい、ということなのですが、こうした考え方をとる人のことを〝マキャベリスト〟と言って、あまりいい意味で使われることは少ないようです。

しかし、ここで言う「畏れられる」というのは、「恐れられる」とは言葉の意味が違います。「恐れられる」というのは、文字通り〝恐怖〟で支配するリーダーシップのことですが、「畏れられる」というのは、〝尊敬される〟ことを前提としたリーダーシップではないでしょうか。

〝畏敬の念を払う〟という言葉があります。たとえば、日本には富士山をはじめとして山岳信仰の対象となる霊山と言われる山が多くあります。そうした山々に対して、〝畏敬の念を払う〟人はたくさんいますが、手軽にハイキングで登れるような裏山に〝畏敬の念を払う〟人はあま

りいません。

霊山と言われるような山は一般に高くて険しく、簡単に登れるような山ではありません。したがって、その山の中がどうなっているのかは、誰もがよくわかりません。だからこそ、畏敬の念が払われるのです。ところが、裏山の場合は簡単に登れてしまい、山の中のこともだいたい想像がついてしまいます。そうすると、畏敬の念が払われることもありません。

これは、リーダーも同じです。親しみやすく話しかけやすいリーダーというのは、一見すると取っ付きやすくていいように思われますが、その分ナメられやすくなります。山も人もそうですが、何か神秘的なものや秘密めいたものがあるからこそ〝畏敬の念〟が払われるのであって、100%理解されている相手に〝畏敬の念〟が払われることはありません。

そういう意味で、部下から尊敬されるためには、自分と部下との間に適度な距離感が必要です。たとえば私の場合、仕事の関係で休みの日に部下から電話がかかってくることも多いのですが、近くに子供がいるときには絶対に電話を取りません。電話中に、子供の声が入る可能性があるからです。

これは、感覚的な問題かもしれませんが、私の価値観の中では、仕事の電話の中に子供の声が入る、というのは、先ほど言った〝距離感〟が取れていない状態です。〝距離感〟が取れていないというのは、言い換えると、「値打ちを下げている」ということです。

なぜ、仕事でかかってきた電話に子供の声が入ると自分の値打ちを下げることになるのか、と言われると、明確にその根拠を説明することはできません。しかし〝感性〟の面から言って、明らかに仕事の電話の中に子供の声が入るというのは、「恥ずかしい」ことだと思うのです。

事実、リーダーシップ的なことで悩みを抱えている人に限って、業務上のことで休みの日や夜に携帯に電話をかけると、電話の向こう側から子供の声が入ってきたりします。

私からすれば、わざわざ子供がいるところで電話を取らなくても、後から静かな場所でかけ直せばいいのに、と思ってしまいます。

こうした人に共通していることは、「自分の値打ちを落とさない」ということに対して、きわめて無頓着であるということです。

たとえば部下と飲みに行ったとき、きっちり割り勘にする上司がいますが、こうした人も「自分の値打ちを落とさない」ということに無頓着です。毎回、全部を払うわけにはいきませんが、自分が少し多めに出して「後は払っておいて」とするのが、上司として当然のことだと私は思います。

6 リーダーは〝自分の値打ち〟を意識しよう

このように、リーダーとして尊敬されるためには、「自分の値打ちを落とさないこと」を強く意識しなければなりません。その点、先にも述べた、私が前職で最初に仕えた部長は徹底的にこの点を重視していました。

たとえば、部のメンバーで飲みに行った際、最後の会計になると、その部長は「これで払ってこい」と、おもむろに自分の財布を私に渡します。支払いの際に財布を開けると、明らかに数十万円もの新札がつまっているのです。それだけで、当時新入社員だった私は、「すごい、部長になればこんな金持ちになるのか！」と思ったものです。

私もそうした部長の影響を受け、財布には、人様に見られても恥ずかしくないくらいの現金を常に入れておくようにしています。もちろんサラリーマンで、そんなにお金の余裕がある人ばかりではないでしょうが、ここで言いたいことは意識の問題なのです。

お金に関わることは、人の値打ちを大きく上げたり下げたりすることも事実です。以前社内で、若手社員とベテラン社員との懇親会を開く機会がありました。その際、若手社員が事前に参加者を回って会費を集めたのですが、懇親会のとき、「○○さんの財布の中には数千円しか入っていなかったなあ。家計が厳しいのかな……」と会話する若手社員の声が聞こえてきました。

部下というのは、上司が考えている以上に上司のことをよく見ているものです。とくに〝お金〟に関わることについては、自分の値打ちを落とさないようにしなければなりません。

〝家庭〟に関わることも同様です。先ほどの電話での子供の声もそうですが、仕事の場で家庭のことをできるだけ持ち出さないことが賢明だと私は思います。これも、母親から私が教えられたことですが、上司あるいはお客から食事に誘われて、いちいち自宅に電話をして、「今日は外で食べるから食事は要らない」と言っている人は出世しないと言うのです。

私が子供の頃の話ですから、当時は携帯電話などありません。店のレジ脇にある公衆電話を使って自宅に電話するので、当然のことながら話の内容もまわりに聞こえます。

母が言うには、出世する男というのは、突然誘われたとしても人前でいちいち自宅に電話をかけたりしないものだと言うのです。

たしかに、人前で「今日は夕食要らないから」と自宅に電話をかけている人は、何だか軽く見えてしまいます。逆に、「いいですよ。行きましょう！」と即答する人に、「ご自宅で夕食があるのでは？」と聞いたとき、「いいえ、問題ありませんよ」と答えられれば、この人は家庭でも権威があるのだなと思えます。

ですから私の場合は、はじめから家内には「基本的に、夕食は準備しなくていい」とあらかじめ伝えてあります。逆に、「夕食が必要なときには連絡する」ということにしています。家内の立場に立つと、せっかく時間をかけて準備したのに、外食して帰宅されたのでは頭にくることでしょう。

さらに私の場合は、「突然に食事に誘われたら、仮に準備されていても外食する可能性がある」と最初から伝えてあります。また、人前で自宅に電話をかけることは、立場上できないことも言ってあります。

つまり、家内に対しても「人前で値打ちを落とさない」という概念を明確に伝えてある、ということです。

しかし最近では、「自分の値打ちを落とさない」ということに対して無頓着な人が多くなったような気がします。そうしたことと、「部下を叱れない上司」が増えたこととの間に、私は相関関係があるのではないかと思うのです。

7 やはり、アフター5も重要

また、上司の立場では、部下とのアフター5でのコミュニケーションは重要なことです。最近ではメールなどITツールの影響で、仕事そのものがチームよりも個人ベースで進められていること、またどんな会社も〝実力主義〟を多少なりとも取り入れざるを得なくなってきています。その結果、そこからくる不安感から、部下を孤立させない上司からのコミュニケーションが非常に大切なのです。

「居酒屋が日本を支えている」と言う人がいますが、この表現はあながち間違いではないと思います。やはり飲みの席になると、普段では聞けないような本音の話になり、そこで深い意思の疎通が図れることも実際問題としてあります。

最近では飲みに誘っても断る部下が多いと言われますが、実際にはそのようなことは少ないのではないでしょうか。自分が家に帰りたくない（?）からといって、頻繁に部下を誘って飲むようなことをしていたら部下から逃げられるかもしれませんが、部下と飲みに行くのは、私に言わせれば仕事の延長線上の話です。

もちろん、飲みの席で仕事の話ばかりするのはNGです。普段の仕事の中でできないような、趣味やプライベートの話ができるからこそ、飲みに行くことに意義があるのです。

ここで言う〝仕事の延長線上〟というのは、飲みの席だから〝無礼講〟ということはあり得ない、ということです。つまり、アルコールが入ろうがどうしようが、上司としての威厳を維持しなければならないし、アルコールが入ることで態度が変わる部下がいれば厳しく注意するべきでしょう。

以前、私の部下で、普段はおとなしいのですが、酒が入るとまわりに絡む人間がいました。彼については翌日呼び出し、厳しく叱りました。よく、「アルコールが入っていたから覚えていない」と言う人がいますが、あれは私から言わせればウソです。

上司として部下を見るとき、アルコールが入ったときこそ、その人の本当の人間性が現われると考えていただいて間違いないでしょう。

8 組織はリーダーで99％決まる！
常に自分のレベルを高める努力をしよう

そして最後に、リーダーとして常に意識しなければならないことは、「常に自分のレベルを高める努力をする」ということです。

1章でも述べましたが、部下を持つ立場の上司・管理職が、まずはじめに受け入れなければならないことは、「組織はリーダーで99％決まる」ということです。つまり、ほぼリーダー1人で組織全体が決まるということなのです。

ですから私から言わせれば、いわゆる〝使えない部下〟などいない、ということです。部下が使えないのは、上司であるあなた自身に問題があるのです。仮に、部下が〝使えない〟のだとすれば、それを〝使える〟ようにするのがあなたの仕事です。しかし、世の中よくしたもので、その上司にふさわしい部下が、自然と集まってくるものです。

事実、自分の力を100としたとき、部下の力はよくて50くらい。普通は20〜30くらいしかないものです。そう考えるといかがでしょうか。あなたの部下に対する見方も、変わるのではないでしょうか。〝使えない部下〟などいない。今のあなたにふさわしい部下が、まわりに揃っているはずなのです。

もちろん、自分の力を100としたとき、いつまでも部下が20や30の力では困るので、まずは50くらいにまで部下のスキルや人間性を高める必要があります。そのプロセスの中に、指導の一手段として〝叱る〟という行為があるのです。

さらに、部下自身の力を高める指導を行なう一方、自らのレベル、すなわちスキル・人間性を高める努力も、常に行なわなければなりません。自分自身の力が上がれば、部下の力も自然と上がります。

なぜなら、自分の力を100とするなら、部下の力はよくて50。ということは、自分自身の力が上がれば、部下の力も上がるはずです。逆に自分の力が下がれば、部下の力も下がります。「組織はリーダーで99%決まる」、「今の部下は今の自分にとってベストメンバー」であるということを、リーダーは常に頭の中に入れておかなければならないのです。

著者略歴

片山和也（かたやま　かずや）

株式会社 船井総合研究所　第一経営支援部　グループマネージャー　シニアコンサルタント

経済産業省登録　中小企業診断士（登録番号401458）

法人営業を主体とする企業全般の経営支援に携わり、船井総研における同分野の支援実績ではトップクラス。中長期経営計画の策定、マーケティング戦略の策定、営業戦略の策定など、コンサルティング実績多数。営業マン研修・マネージャー研修も多数実施。

著書として、『必ず売れる！　生産財営業の法則100』、『上手な「商談」のつくり方・すすめ方』（ともに、同文舘出版）、『はじめて部下を持ったら読む！　営業マネジャーの教科書』（ダイヤモンド社）、『なぜこの会社には1ヶ月で700件の引き合いがあったのか？』（中経出版）などがある。

部下を育てるリーダーが必ず身につけている

部下を叱る技術

平成23年4月13日　初版発行

著　者 ―― 片山和也

発行者 ―― 中島治久

発行所 ―― 同文舘出版株式会社

東京都千代田区神田神保町1-41　〒101-0051

営業　03（3294）1801　編集　03（3294）1803

振替　00100-8-42935　http://www.dobunkan.co.jp

ISBN978-4-495-59331-5

印刷／製本：萩原印刷

Printed in Japan 2011